思想觀念的帶動者

文化現象的觀察者

本土經驗的整理者

生命故事的關懷者

心靈工坊 PsyGarden

HOLISTIC

探索身體，追求智性，呼喊靈性
攀向更高遠的意義與價值
是幸福，是恩典，更是內在心靈的基本需求
企求穿越回歸真我的旅程

A Matter of Death and Life

Love, Loss and What Matters in the End

死亡與生命手記

關於愛、失落、存在的意義

歐文・亞隆
瑪莉蓮・亞隆——著

鄧伯宸——譯

IRVIN D. | MARILYN
YALOM

各界讚譽

半個多世紀以來，傑出精神科醫師歐文．亞隆早已經以充滿智慧、洞察及幽默的故事贏得舉世讚揚。今天，則出之以出奇的坦白及勇氣，跟我們分享了他人生中最艱難的經歷：痛失愛妻，與青少年以來的忠實伴侶。兩人結伴終身，包括共同執筆這本書，他們分享了一幅令人難忘的喪偶畫面——害怕、痛苦、抗拒，以及忍痛接受。但是，除了深刻的喪妻之痛外，這本書還給了我們更多的東西——一則雋永絕美的愛情故事。令我低迴，長在心頭。

——蘿蕊．葛利布（Lori Gottlieb），紐約時報暢銷書《也許你該找人聊聊》作者

這本回憶錄，美麗，動人，是一則愛情故事，令人興起有為者亦當如是之思。

故事述說兩個人幾近一體的完美結合，是一加一大於二的典型。讀之令人深思，甚至推動讀者重新思考自己的人生——對我來說就是如此。

——亞伯拉罕・佛吉斯（Abraham Verghese）
《雙生石》作者

亞隆夫婦對讀者不只是誠實，而且驚人地慷慨。列入臨終回憶巨著之林，此書當之無愧。

——凱特琳・多提（Caitlin Doughty）
「善終服務」創辦人

《死亡與生命手記》，不僅是動人的追憶篇章，也是一趟發現之旅——兩位傑出學者、作家及終身伴侶與年老、衰弱及死亡搏鬥的經歷。他們誠實面對生命的無常，對之得到了更深刻的領悟。

——法蘭克・奧斯塔塞斯基（Frank Ostaseski）
《五個邀請：發現死亡能教會我們如何活得圓滿》作者

《死亡與生命手記》不止是一本書，更是一篇令人回味無窮的愛情故事。一本穿越過去與現在的經典。面對難以承受的死別之痛，以及千呼萬喚喚不回的失落，其優雅、坦誠與軟弱，絲毫沒有俗套的雕飾與矯情。本書入情入理，在我們步步走向大限面對死亡，以及更重要的，為至愛之人先走一步而哀傷悲痛時，反覆閱讀，每個人都將獲益匪淺。本書所述真情流露，當我拭去眼淚，但覺滿心充實。歐文與瑪莉蓮的愛情故事，終結了你、我及天下人死別的悲劇。

——喬安・凱恰托蕊博士（Dr. Joanne Cacciatore）

《如果用心去愛，必然經歷悲傷》作者

這是一本非凡的書，非凡一如其作者歐文・亞隆，大師級的存在治療師及膾炙人口的作家，與瑪莉蓮・亞隆，文采斐然的學者及作家。匯集無比的勇氣，亞隆夫婦共同執筆，寫下了他們感情上與道德上的彼此照應。《死亡與生命手記》是亞隆夫婦終身追求生活與死亡藝術的結晶，足以使讀者脫胎換骨，欲罷不能。

——凱博文（Arthur Kleinman），哈佛醫學院精神醫學與醫療人類學教授

《談病說痛》、《照護的靈魂》作者

放下難捨記憶的依戀，歇息於無相的單純中！

——張達人，台灣心理治療學會前理事長、常務理事

深愛彼此的亞隆夫婦走入死亡的迷霧裡，以各自視角掏心地訴說面臨死亡輪番伏擊的日常，看著盛名的亞隆醫師踩著赤裸的行履，在高山低谷震盪，逐步謙卑、理解、感恩、平靜。平凡而動人地預示哀傷療癒之路。

——羅耀明，台灣正念學學會正念療育資深督導師

《如果今天就要說再見》作者

【推薦序一】

悲傷與愛並存的真實故事

曹中瑋
資深諮商心理師、國立臺北教育大學
心理與諮商學系退休副教授

撰寫本文時，國內正遭逢嚴重火車意外事件，四十九位寶貴的生命無預警地離開人世，沉重和悲痛的情緒籠罩著我。更深刻的體會：面對死亡，不論是自己或是身邊所愛的人，都是人生最難參透的功課。

年輕時，總覺得完全沒有預期的突然死去，不用經歷到病痛折磨和離開親人的痛苦，是個不錯的死法。然隨著年齡的增長，真正思考生命、活著和死亡的議題，才體會那只是我逃避面對死亡的一種想法。

尤其，突如其來的離世，少了完成未竟事宜的機會與好好告別的時間，對自己和身邊的親友們都是有些遺憾的。而嚴格地說，我們對出生、生在哪裡，以及何時死、怎麼死是沒有選擇權的。即便是認為人們有選擇權的存在主義觀點亦然。面對死亡能做的只有：認真活著，活在當下！而想說的、想做的、想見的、想完成的，就積極安排時間去執行！

「我們活得充實，活得無畏。我們念茲在茲，絕不輕易放過任何嘗試的機會，如今總算沒有白活。」歐文・亞隆和他的妻子瑪莉蓮兩人結褵六十五年，一直相知相愛。且兩人都在大學任教，認真努力而著作等身，影響遍及全世界，在任何國家都算是讓人艷羨的幸福伴侶。

時光不饒人，已年長如他們，終究必須和死亡交手。二〇一九年初瑪莉蓮在被診斷出罹患多發性骨髓瘤癌症，接受化療、免疫球蛋白療法皆無效，甚至引發中風的嚴重副作用。在此狀況下，八十七歲睿智又勇敢的她，向歐文提出兩人合寫一本書，輪流一人一章，記錄他們攜手共度人生最後一哩路的心路歷程。因這樣的發想與實踐，才成就《死亡與生命手記》這本關於終極關懷的寶貴文字紀錄。

這書扉頁，那深深觸動我，讓我湧出淚水的話語：「悲傷，是我們為敢愛所付出的代價」（Mourning is the price we pay for having the courage to love others.）。因此，我覺得這書談的雖是遭逢病痛死亡與別離悲傷的故事，卻也是充滿愛的一本書。

書中前面幾篇深刻描述著他們夫妻兩人逐漸老去的一些抉擇和失落。歐文是我心中的巨人，看到他已經在家中需要使用柺杖，外出更必須以三腳助行器輔助，心臟還裝了節律器。我既驚恐又不捨，我明白是人都會老去，身體功能漸漸減弱，記憶力衰退，連我自己都已開始經歷。然在專業工作上，內心依靠的重要導師也走到生命的後段，還是有點難以接受。

我也相信：「病人每有死亡恐懼，我安撫他們，所用的理念，最有力量的莫過於要活得沒有遺憾。」但如今，我更體會面對死亡不只不留遺憾、不只是好好活過，這麼簡單。在臨死那一刻可能是的——認真走出歷歷在目的腳印，沒有白活，了無遺憾。然而，在死亡前經歷的老化無能、病痛的折磨、至親好友的離世，還有記憶逐漸消失的過程，如何準備都還是沉重痛苦的……也許死亡不難，正走向死亡的路才難行……

瑪莉蓮提及對一個墓誌銘很有共鳴：「身後活在人心，是為不死。」讓我想到一部動畫電影《可可夜總會》（*Coco*）。影片中呈現墨西哥文化：人們死後是在另一個世界活著。真正的死亡，發生在人間已沒人記掛你時。他們的重要節慶——亡靈節，就是已離開人世的人們會在這天回家與親人相聚。「死亡」並不可怕，只要我們不曾遺忘，那家人就會永遠在一起。

這樣的死亡概念，提醒我們在這世上並非只是一個人好好活著，更需要與人連結和相愛。不論自己離開或是親人過世，最重要的是我們曾經付出愛與被愛，且深深地烙印在雙方心中的某個位置上。

書中最讓我動容的部分，是瑪莉蓮最後堅定與清明選擇何時死的過程。在治療效果不佳又引發相當難以忍受的副作用，她接受安寧病院的緩和照護，並主動要求醫師協助「自殺」（她居住所在州，允許這樣的病人經過兩位專科醫師慎重評估後，在適當的時機，患者仍處於某種程度的清醒時，醫師可提供安樂死的藥物結束其生命。）

好幾篇交錯書寫著：瑪莉蓮真誠地說著自己內心的掙扎——對所愛和愛她的人不捨；但她不想再受病魔無情的折磨，要「死得其時」；以及她試著說服先生放手。歐文則描述自己第一次聽到這決定時的震驚與害怕，有些著急地勸她不能丟下自己獨自一人；到不得不去同理妻子的痛苦，然後無奈地接受……實在是段揪心的閱讀過程。

從書中第22篇開始，只剩歐文一人繼續撰寫此書，敘述自己經歷喪妻之痛的失落經驗。對於親人的離世，我很有共鳴的感覺有以下幾點：

1. 再也不能和這人分享我的喜怒哀樂、生活經歷和想法，他都無法知道。
2. 覺得心中少了一塊甚麼，再也沒有人可以填補。
3. 常常會有麻木恍惚的感覺，似乎失去做任何事的興趣和動力。
4. 有時會忘了對方已離去，不自覺地呼叫他或想要告訴他甚麼。
5. 對死後世界常有矛盾的念頭，在腦中反反覆覆……

但這些痛楚也會隨著時間流逝，隨著書寫、閱讀、工作以及親友的陪伴，而慢慢地恢復較為如常的生活。因為我們相信曾經共同經歷的所有一切會長存於心，而對逝者的愛與思念也將永繫心頭。

在這段期間，歐文也經歷了讓他自責、羞愧的特殊感受——性慾念頭強迫性地升起。在第25篇「性與悲傷」中，他相當坦白地分享自己這樣的經驗，以及請人協助找相關的文獻，並向同業專家請教的梳理過程。我由衷地佩服他的真誠與勇氣，說出這實在不容易，但我想這親身的體會，對許多喪偶者會有很大的幫助。

感謝歐文用他自身經歷刻骨銘心的喪親之慟，再次提醒我們，即便是他，這位存在主義治療大師，專業生涯中也努力面對死亡和孤獨的議題，更陪伴過無數喪偶喪親的個案，一樣要走過「哀傷的進階歷程」。我們是人，生命歷程中必然經歷各種失落或艱困的挑戰，必須勇敢地面對和處理，才能如歐文最後所感：「學無止境……回顧瑪莉蓮過世後的好多個星期，我發現自己又上了一堂別開生面的研究所課程……」

「縈繞我心，允為真理——活得越充實，死得就越坦然。」

【推薦序二】

必須親身經歷的生死功課

朱全斌
傳播學者、作家、廣播主持人

我對歐文・亞隆不熟，但是知道他是著名的精神醫學大師，也是心理治療權威。是讓人景仰，並且對於人在遇到生命困境時，知道該怎麼幫助當事人的那種厲害人物。

六年前，當我的妻子過世時，我有如溺水一般到處尋找能夠幫助我的明燈，我飢渴地大量閱讀談論生死的靈學書籍，希望能夠透過理解來助我度過難關，其中也包括了歐文的《凝視太陽》。

在書中，他透過許多臨床案例，建議我們要破除恐懼，直視死亡，與焦慮共存。要洞察自身的處境後，以「底線地活著」，進而把握最後機會盡可能活出沒有遺憾的人生。

這本書出版十年後，歐文的妻子瑪莉蓮罹患了多發性骨髓瘤，這是致命性的重症，而夫妻倆也被迫要面臨如何以「底線地活著」的問題。

瑪莉蓮的心願是在臨終前跟先生合作完成一本書，兩個人以輪流寫日記的方式紀錄她最後的生命旅程。將走最後一段路的心情點滴與讀者分享。這無疑是在實踐歐文「直視死亡」的理論。

結果在為期八個月的書寫過程中，我們看到瑪莉蓮越來越接受死亡，並且毫無恐懼。十個月的毒性治療，讓她受盡折磨。在與朋友告別，並處理掉她最重視的書籍資產後，她不但決定放棄治療，甚至更進一步想要以醫師輔助自殺的方式，提早離開，那怕只是一個月，她也不願意等了。

相形之下，歐文卻顯得不肯接受現實，也不支持她的選擇。一方面固然是對永別的不捨，但另一方面，他也開始對自己能否單獨過生活擔憂起來。

讀到這裡，我相當驚訝，原來讓我覺得具足生死智慧的大學者，卻在自己碰到這個課題時，反應一如常人，變得如此執著而不肯面對真相。他自己也反思到這個問題，並將之歸因於童年的創傷。然而在理性上可以這樣做分析，在情感上，他卻無法自這樣的焦慮免疫。

妻子離開後，歐文以八十八歲的高齡，重新學習一個人獨立生活，但他跟妻子生前所做的道別卻並沒有結束，因為她的聲音、她的倩影仍然透過記憶滿溢在生活中的每個角落。而兩人合寫的書也由他來完成，獨自寫了一百二十五天，這正是瑪莉蓮瀕臨死亡前的智慧，預見被留下來的人可以透過書寫來度過難關，而歐文也的確因此而獲得療癒。

歐文放下權威身段，誠實地面對自我，並剖露私密的脆弱面。閱讀此書，讓我重新想起妻子離世時我所經歷過的身心磨難，以及走出來的過程，竟與這位大師有許多相通之處。可見在死亡面前，眾生都是平等的，凡人都有七情六慾，愛別離的功課不能只靠傳道，都需要親身體會，才能有真正的覺知。

我跟妻子結褵三十年，和歐文與瑪莉蓮的緣分比較起來，短了三十五年，但到了分離的那一刻卻是一樣艱難，並不因時間的長短而有所差別。我的妻子雖然還活不到五十七歲，但是在臨終前因不堪病痛折磨，她跟瑪莉蓮一樣毫無恐懼地接受了命運的安排。除了理性地將後事交代好，也曾想透過寫作替生命來留下最後的紀錄。然而她沒有瑪莉蓮幸運，在寫了一天的日記後，便已經沒有力氣動筆了。

我的妻子從病發到過世不過短短一個月，相形之下，瑪莉蓮則擁有長達十個月的時間。妻子在病榻上曾經問我還希望她留多久，我說最好能有一年來與她慢慢告別，當時她沒有回答我，那是因為她知道自己辦不到，而我內心卻也為如此的要求感到不安。在閱讀了瑪莉蓮的手記後，我更理解了妻子當時的痛苦，她的速戰速決反而讓她減少了痛苦，我原本遺憾的心也因而比較釋懷。

告別時間的長短，其實是屬於生者的功課，如果被留下的那個人不肯放下，離開的人就會帶著牽掛，無法真正地安息。

閱讀歐文的手記，特別是瑪莉蓮離開後的部分，跟我的切身經驗有許多相同之處。我們都經歷了一段恍然、寂寞、缺乏人生目標的悲傷過程，我跟歐文一樣也想透過閱讀與關係確認來尋找出口，我甚至跟他看了同一本書（迪帝昂的《一年的神奇生活》），也同樣透過書寫來自我療癒。

更令人驚訝的是，這個走過哀傷的課程其實早在生命的更早期就已經預告了。歐文曾對自己面對死亡時的性興奮狀態不解，後來才發現在他早期的小說中就已描述過；而我也由妻子的著作中發現她對我回到獨活狀態的生命提醒與叮嚀，就好似一個完整劇本中有的伏筆，你必須要等到結局出現後才能參透其意義。

這本書是逝者與生者在死別前的對話，裡面有離開那個人的生命了悟，也有留下那個人告別哀傷後的覺醒。歐文跟我都是願意如實面對的案例，康復的時間也算比較短；另一個原因則是因為我們對我們的婚姻都比較滿意。書中提到，曾經真正恩愛的夫妻比較容易走出傷痛，因為婚姻不美滿的人除了喪偶，還要為他們糟蹋掉了的歲月難過。為了不讓生命留下遺憾，大家真該好好地經營一下跟伴侶的關係呢。

【推薦序三】

鶼鰈情深談老、病、死

賴其萬
和信治癌中心醫院醫學教育講座教授兼神經內科主治醫師

這是一本非常不尋常的由一對著作等身的名作家夫婦合寫的書。歐文・亞隆醫師（Irvin D. Yalom, 1931-）是精神醫學界的名醫與作家，夫人瑪莉蓮・亞隆（Marilyn Yalom, 1932-2019）是精通法文的女權主義作家與歷史學者，更不尋常的是這本書的主題是任何活人遲早都需要面對的「老」、「病」與「死」。

二〇一九年瑪莉蓮發現自己罹患多發性骨髓瘤而開始接受治療、接著發生中風，之後兩人決定開始共同撰寫一部他們即將接受的人生考驗。誠如書中〈前言〉所說的「我們輪流寫，你一篇，我一篇。寫一本**我們的**書，一本有別於市上的書，因為這書牽涉的是兩個心靈而不是一個，是兩個結婚了六十五年的人的心思和想法！兩個有幸彼此擁有的人，攜手走人生最後的路。」「我們兩個都知道，瑪莉蓮將在未來幾個月中病逝，幾乎已成定局。兩人攜手將橫在眼前的點點滴滴記錄下來，所希望的是，我們的經歷及觀察不僅有助於自己，對我們的讀者也有所助益。」

第一章由歐文領銜出發，而後兩人交替地隨著病情的發展，各自寫出醫師看著心愛的妻子為病所苦的諸多內心感觸以及作家自知時日無多，對生命末期的病痛、對人生的眷戀以及即將離開家人的不忍。這是一對已經共同生活超過一甲子，擁有四個孩子、八個孫子的的恩愛夫妻，在個人非凡的專業成就之外的共同最後遺作。更難得的是在前面二十章的「老」、「病」之後，瑪莉蓮的「死」終於出現於第二十一與二十二章，之後歐文又繼續含淚寫出他如何度過哀傷，慢慢步出憂傷深谷的後續十三章。全書的最後，第三十五章〈親愛的瑪莉蓮〉是歐文在愛妻死後第一百二十五天真情流露的告白，讓人讀後熱淚盈眶不能自已。

歐文長年從事精神科醫師的臨床工作，透過聆聽病人，抽絲剝繭，指點迷津，幫忙病人慢慢康復所帶來的成就感，使他很難結束他所喜愛的工作，但在愛人即將離去、自己年事已高的現實下，決定慢慢結束他的專業生涯，不再接受需要長期心理治療的新病人。在瀏覽自己過去有關病人的筆記，回想印象深刻的老病人，或重溫夫妻兩人彼此過去所寫過的豐富文字，引起他們深度的回顧與討論，這種充滿智慧的心靈對話真是令人羨慕讚嘆。因為他倆都是博覽群書，具有深度文學修養的學者，書中引用許多充滿睿智幽默的話語、故事，對喜歡蒐集名言佳句的讀者更是一種享受，我謹錄下幾句我的最愛：

歐文：

我最喜歡的著作《凝視太陽》的開頭引用米蘭．昆德拉（Milos Kundera）的話：「死亡最可怕的不是失去未來，而是失去過去。事實上，遺忘本身便是一種不斷在生命中上演的死亡形式。」

「我希望妳明白這一點：沒有妳，我照樣活下去。我無法忍受的，反倒是妳活得那麼苦，為了我，受那麼大的罪。」

「這盒子（心臟節律器），我經常摸摸碰碰，提醒自己，我隨時有可能因為心臟問題死掉，可能突然間或一剎那。我不要自己像老年失智那樣。」

「多年來，我畢竟看過那麼多的失親者，其中絕大部分人都遭遇過我今天所面對的喪失。沒錯，我不斷強調自己的喪失與眾不同：我愛她，愛得那麼久，愛得那麼深，所以，我經歷的痛苦才更甚於他們。突然間，靈光一閃！我要求自己想像另一種情況：如果事情整個相反。如果快要死的是我，瑪莉蓮一如往常那樣深情地照顧我；如果我知道自己只剩下幾個星期可活，我會擔心瑪莉蓮如何度過沒有我的日子嗎？當然會！我會非常非常擔心她，會祝福她一切平安如意。這樣一想，療效立見。我覺得好多了。」

瑪莉蓮：

「我和兒子里德為我們二〇〇八年的書《美國人的安息之地》（*The American Resting Place*）拍攝墓碑時，上面的碑銘讓我心有戚戚。其中一則至今記憶猶新：

『身後活在人心，是為不死。』身後活在人心——恰如歐文常說的，要在認識我們的人，或經由作品知道我們的人的生命裡激起漣漪，又或如聖保羅的明訓所說：『有全備的信、叫我能夠移山、卻沒有愛、我就算不得甚麼。』」（《哥林多前書》十三章第2節）』」

「說來奇怪，可能會先死的為什麼竟然是我，統計上，比較早死的可都是丈夫呀。兩性間的這種差別，甚至連英文都已經透露出來了。在英文裡面，比較常見的情形是，同一個字的兩性差別都是以男性為字根，譬如 hero / heroine 或 poet / poetess。但 Widower（鰥夫）的字根卻是 Widow（寡婦）。這裡以女性為字根，就是在說明女人比配偶長壽的統計優勢。」

「死，並不是件容易的事。若我拒絕治療，多發性骨髓瘤只會更快要了我的命，但會很痛苦。在加州，醫師協助死亡是合法的。若我願意，在接近死亡時，也可以要求醫師輔助自殺。」（而這就是她最後的選擇）

非常感激心靈工坊邀請我為這本書的中譯本撰序，使我能像上次為歐文・亞隆醫師的《凝視太陽》撰序一樣，得以先睹好書為快。我也要在此恭喜譯者鄧伯宸先生的大功告成，原稿有些細膩傳神的英文字句確實很難找到中文的對應，但鄧先生的功力的確高人一等。最後我謹以「呷好逗相報」的心情，向大家誠摯推薦這部發人深省感人肺腑的好書。

二〇二一年四月七日

悲傷，是我們為敢愛所付出的代價。

目次
contents

目次 contents

目次
contents

前言

我們在約翰·霍普金斯大學研究所畢業後，我修完了精神醫學科住院醫師的實習，瑪莉蓮則取得比較文學（法國與德國）的博士學位，我們各自開展自己的學術生涯。我們互為彼此作品的第一個讀者及編輯。在我的第一部著作，一本有關團體治療的教科書完成後，美國洛克斐勒基金會位在義大利的貝拉喬寫作中心（Bellagio Writing Center）給了我一筆寫作獎助金，讓我得以進行下一本書《愛情劊子手》（*Love's Executioner*）。在我們抵達後不久，瑪莉蓮跟我聊到她很有興致想寫一本書，是講述女性對法國革命的回憶，我也認為她所收集的資料已經相當充實，大可放手一搏。當時，所有的洛克斐勒學者都已經分到了一間寓所及寫作工作室，我鼓勵她去找主任，看看能不能也給她一間工作室。主任的回答是，撥一間工作室給學者的配偶，事情本身就不尋常，更何況中心的工作室都已經分配完竣。但琢磨幾分鐘後，他還是給了瑪莉蓮一間空著的樹屋當工作室，離緊鄰的樹林步行只要五分鐘。瑪莉蓮欣然接受，興致勃勃開始她的第一本書《身不由己的見證：法國革命的女性回憶錄》（*Compelled to Witness: Women's Memoirs of the French Revolution*）。從此以後，我們成了文友，終其一生，儘管有四個孩子，加上全職的教職及行政工作，她一本接著一本寫作，與我並駕齊驅。

二〇一九年，瑪莉蓮經診斷罹患了多發性骨髓瘤，一種漿細胞癌症（骨髓中發現有白血球），於是接受化療藥物瑞復美（Revlimid）的治療，但引發中風，送進急診室住院四天。返家後兩個星期，我們在隔街的公園散步，瑪莉蓮鄭重其事地說：「我們應該合寫一本書。我想把我們所面對的困難日子和歲月記錄下來，對那些配偶得了致命疾病的夫妻來說，我們碰到的難處或許還有點用處。」

不論是她自己或我要寫的書，瑪莉蓮對書的主題往往都有主見，於是我回答說：「這主意不錯，親愛的，妳還真應該投入一些事情。合寫一本書，聽起來挺迷人，但妳知道，我已經開始在寫一本小說了。」

「啊，不要啊……別寫**那**一本了，跟我一起寫**這**一本！我們輪流寫，你一篇，我一篇。寫一本**我們的**書，一本有別於市上的書，因為這書牽涉的是兩個心靈而不是一個，是兩個結婚了六十五年的人的心思和想法！兩個有幸彼此擁有的人，攜手走人生最後的路。你呢，靠你的三腳助行器，我呢，靠我的兩條腿，好歹還能夠動個十五、二十分鐘。」

歐文在他一九八〇年的作品《存在心理治療》（*Existential Psychotherapy*）一書中寫道，人生少些遺憾，比較容易面對死亡。回顧我們長久的共同生活，的確沒有什麼遺憾。但說到忍受今天日復一日的肉體折磨，卻又絕不容易，想到行將丟下彼此，自也難以釋懷。我們該如何與絕望相抗？又該如何有意義地活至最後一刻？

寫這本書時，以我們這把年紀來說，多數同輩中人都已作古。如今每過一日，我們明白，兩人相聚的時間格外珍貴有限。書寫，無非是要使我們的存在有意義，儘管我們都難逃被掃入血肉之軀衰頹死亡的最黑暗境地。但不管怎麼說，這本書幫助我們巡禮了生命的結局。

這本書顯然是我們個人人生的延伸，但我們明白，這也是死亡關懷的共同話題。每一個人都希望得到最佳的醫療照顧，家人及朋友的感情支持，以及沒有痛苦的善終。儘管我們擁有極大的醫療及社會優勢，但死亡來臨的痛苦及恐懼卻無人能免。如同每一個人，我們希望維持自己剩餘日子的生命品質，縱使有時候不可避免得忍受醫療過程的煎熬。既要活下去，我們有多大的意願去承受必須經歷的一切？既免不了一死，如何能夠少些痛楚？又如何才能夠優雅地將這個世界交給下一代？

我們兩個都知道，瑪莉蓮將在未來幾個月中病逝，幾乎已成定局。兩人攜手將橫在眼前的點點滴滴記錄下來，所希望的是，我們的經歷及觀察不僅有助於自己，對我們的讀者也有所助益。

歐文・亞隆與瑪莉蓮・亞隆

（Irvin D. Yalom & Marilyn Yalom）

01 保命盒子

四月

我，歐文，發覺自己動不動就會伸手摸左上胸口，只因為上個月那兒多了個新玩意，一位我已不復記得長相及姓名的外科醫師，幫我在那裡安上了一只五乘五公分的金屬盒子。事情的起因，是我的平衡有問題，去看一位物理治療師。那天，一開始她先為我量脈搏，突然轉向我，一臉驚嚇說：「我們得馬上去掛急診！你的脈搏只有三十。」

我叫她別慌，說：「已經慢了好幾個月了，也沒什麼不舒服。」

但我的話一點作用都沒有。她拒絕繼續幫我做物理治療，押著我要我跟我的內科醫師W醫師聯絡，立刻討論該做的事情。

三個月前，在年度身體檢查時，W醫師就告訴我，我的脈搏緩慢且有時不規則，要我去史丹佛看心律不整的門診。他們在我胸口貼上心電圖機，花了兩週記錄我的心跳。結果顯示，我有經常性的遲脈，特徵是陣發性的心房纖維性顫動。為了避免血栓跑到我的大腦，W醫師為我開了Eliquis，一種抗凝血劑。Eliquis雖然讓我免於中風，卻造成了新的問題：我這兩年原來就有平衡的問題，現在只要嚴重摔上一跤，就會要我的命，因為抗凝血劑會讓我出血不止。

接受物理治療師的建議，W醫師為我做檢查，兩個小時後確認我的脈搏更慢了，所以再次安排我貼上心電圖機，記錄心臟活動為期兩週。

兩個星期後，心律不整門診技師為我拿掉心電圖機，將我的心臟活動紀錄送去實驗室研究，卻發生了另一件大事，這一次是瑪莉蓮。當時，我們正在講話，她突然之間無法言語，連一個字都吐不出來。整個情況持續了五分鐘。過了幾分鐘，才逐漸恢復說話能力。我幾乎可以確定她中風了。兩個月前，瑪莉蓮經過診斷罹患了多發性骨髓瘤，已經開始化療。過去兩個星期的高單位化療有可能引發中風。我立刻打電話給她的內科醫師，醫師剛好就在附近，火速趕來家裡。快速檢查之後，叫了救護車，送瑪莉蓮去急診室。

接下來，急診室裡的幾個小時，是瑪莉蓮和我所經歷過最難熬的時刻。值班醫師做了大腦攝影，證實她確實因為血栓中風，於是用一種藥物，血纖維蛋白活化因子（tissue plasminogen activator, TPA），打掉血栓。對這種藥物過敏的病人機率極低——但老天爺，瑪莉蓮卻是其中之一，差一點命喪急診室。所幸她逐漸恢復，再無中風殘留，四天後出院。

但命運跟我們還沒玩完。從醫院帶瑪莉蓮回家才幾個小時，我的醫師來電，說我的心臟檢查結果剛出來了，我必須裝一副體外心臟節律器，得經外科手術插入胸廓。我回說，瑪莉蓮剛到家，我得全心照顧她，下星期一定提早安排手術。

「不行，不行，歐老。」我的醫師回說：「聽我說，這**沒得**選擇。你**必須一個小時內**來急診室，立刻手術。因為你的兩週紀錄顯示，你有三千二百九十一次心房心室阻塞，時間總共長達一天六小時。」

「這表示什麼？」我問。我上一次的心血管檢查是六十年前之久的事，我不諱言自己並沒有跟上醫療進度。

「這表示，過去兩個星期，從你左心房的天然節律器所發出的電脈衝無法傳到下方的心室，結果導致心跳停止，直至心室不規則地做出回應，才使心臟自行收縮。這可是會要命的，必須馬上做處理。」

我立刻去掛急診，由一名心臟外科醫師為我做檢查。三個小時後，我被送進手術室，插入一具體外節律器。二十四小時後出院。

取下紗布，金屬盒子安坐我鎖骨下方的胸上。這小小的金屬裝置命令我的心臟每分鐘收縮七十次，無須充電，可以持續運作十二年。這玩意完全不同於我接觸過的其他機械設備。不像手電筒不亮，電視遙控無法轉台，或手機導航失靈，這小小的裝置可是性命攸關。萬一停擺，我這條老命也就瞬間結束。生命脆弱如此，還真令我震驚不已。

這就是我目前的情況：瑪莉蓮，我的愛妻，我十五歲以來生命中最重要的人，現正罹患嚴重疾病，而我自己的命則脆弱得不堪一擊。

但奇怪的是，我很鎮定，簡直就是平靜。我為什麼要擔心害怕呢？我一再問自己這個奇怪的問題。我這一生，身體向來健康，但在某些方面，卻總是和死亡的焦慮糾纏不休。我相信，自己之所以研究與書寫有關死亡焦慮，又不斷想要為面對死亡的病人帶來緩解，其燃料都是來自於自己的恐懼。但這會兒，恐懼呢？當死亡從未如此貼近時，我的鎮定又是打從哪兒來的？

隨著日子過去，煎熬消退。瑪莉蓮和我挨著坐在家中後院，消磨清晨時光，欣賞周遭群樹，手握著手回憶一同度過的人生，細數我們走過的地方：夏威夷兩年，當時我在服役，住在凱盧阿（Kailua）一處海灘。教授休假（sabbatical leave）為期一年，是在倫敦度過，其中半年住牛津附近，巴黎則待好幾個月，其他小住逗留的還有塞席爾、峇里、法國及義大利。

沉湎往日美好時光，瑪莉蓮緊握我的手說：「歐文，我但願這一切不變。」

沒錯，我也深有同感。

我們兩個，全都充實度過一生。病人每有死亡恐懼，我安撫他們所用的理念，最有力量的莫過於要活得沒有遺憾。瑪莉蓮和我都感到了無遺憾——我們活得充實，活得無畏。我們念茲在茲，絕不輕易放過任何嘗試的機會，如今總算沒有白活。

瑪莉蓮回屋裡小睡。化療吸乾了她的氣力，白天常睡多時。我靠回躺椅，想起許多我看過的病人，他們都克服了死亡恐懼——以及許多直視死亡的哲學家。兩千年前，塞尼卡（Seneca）說：「不懂得生活的人，不可能為死亡做好準備。我們別無選擇，定要充分地活出來才行。」尼采（Nietzsche），最具爆發力的警語造句家，說：「活得安全才危險。」這又讓我想起他的另一句警語：「有人死得太遲，有人死得太早。要死得其時。」

嗯，死得其時……這話說到了重點。我快八十八了，瑪莉蓮八十七。我們的兒孫正自發榮滋長。但我怕自己已經來日不多。我已經漸漸放掉了心理治療的工作，而妻子正重症纏身。

「死得其時。」這很難用理智說得清楚。接著，心裡又浮現尼采的另一句警語：「所有完美、成熟的人，所求者，一死而已。唯有還沒成熟的人才企望活著。所有企望活著的，無非企望成熟、歡樂、追求——追求更遠、更高、更輝煌。」是的，這也說到了重點。成熟——對極了。成熟，正是瑪莉蓮和我今天所處的狀態。

我對死亡的概念，可以追溯到早期童年。記得當時還年少，迷上了康明斯

（e.e. Cummings）的詩〈死亡先生〉（Mister Death），不知多少次，騎在自行車上滑行時，自誦自聽。

水牛比爾
停擺了
他曾經
胯下一匹奔流般的銀色
駿馬
就這樣打掉一二三四五隻鴿子
老天
他真是大帥哥一個
而我想要知道的是
你有多麼喜歡這藍眼男孩
死亡先生

父親和母親過世時，我都在現場，或說現場附近。父親坐在那兒，近在咫尺，突然間，頭一歪，兩眼一翻，瞪著我。一個月前剛念完醫學院的我，從姊夫醫師的黑色皮包裡拿出一支針筒，將腎上腺素注入他的心臟。但一切都太遲了：父親因嚴重中風去世。

十年後，姊姊和我去醫院探望母親：她股骨斷裂。我們跟她聊了兩個鐘頭，之後她被推進手術室，我和姊姊則到外邊走了一小陣子。待回到病房，她的床整個都清掉了，空餘床墊。媽媽就此永別。

一個星期六，早上八點半。我習慣七點左右起床，總是用個簡單的早餐，然後走三十七公尺的距離到達辦公室，打開電腦，檢視電子郵件。第一封信是這樣寫的：

我是M，一個伊朗學生。因恐慌症接受治療，醫生向我推薦您的書，建議我讀《存在心理治療》。讀了這書，我發現許多我從童年起就碰到的問題都找到了答案，讀每一頁都感覺您就在我身邊。別人無法解決的恐懼及疑惑，您辦到了。您的大作我每日必讀，幾個月下來恐慌不再發作。在我人生絕望到難以為繼的時候，發現您真是我的大幸。讀您的大作令我充滿希望，真不知道要如何感謝您。

我淚水盈眶。這樣的信每日都有——通常一天三十至四十封——有機會幫助這樣多的人，我覺得幸福滿滿。又由於這封電郵來自伊朗，我國的敵國，其意義更為重大，彷彿自己加入了一個助人的人類聯盟。

回信給這位伊朗學生，我這樣寫道：

拙作對你如此重要且有幫助，令我非常開心。讓我們一同期望，有朝一日貴我兩國重修邦誼，互通悲憫。

謹此致上無限祝福——歐文．亞隆

粉絲來函固然令我感動，但有的時候，其數量之大卻又令我難以招架。我盡量回覆每一封信，且慎重其事，必提來函者的大名，以示已經讀過來信。在數年前，我將所有這些信建立了一個「粉絲」電郵檔案儲存起來，現在已經有好幾千個單元。這封信我加上了一個星號——心裡想著，當未來某一個日子裡，我精神萎靡時，可以重讀這些加了星號的信來為自己打氣。

時間來到上午十點，步出辦公室。一出來，看一眼我們的臥室窗戶，朝屋裡望去，知道瑪莉蓮已經起身，拉開了窗簾。由於三天前剛做過化療，她仍然十分虛弱，我趕忙進屋裡去為她準備早餐。但她自己已經喝了些蘋果汁，對別的東西毫無胃口。她躺在客廳沙發上，望著院子裡的橡樹。

一如往常，我問她覺得怎樣。

一如往常，她老實回答：「我覺得難受，說不出的難受。整個人被掏空……全身沒有一處是舒服的。若不是為了你，我真的不想活了……不想再活下去……對不起，我老是說這些話。我知道，我總是叨唸個沒完。」

幾個星期下來，天天聽她講這些話，令我憂愁及無助。而最讓我痛苦的，莫過於她所承受的那些苦痛：每個星期的化療使她嘔吐、頭痛、疲憊不堪。她覺得，她跟自己的身體、跟每件事、跟每個人都斷了線，無法以言語形容。這種情形，許多接受化療的病人稱之為「化學腦」。我鼓勵她走三十公尺到信箱那邊去，但和平常一樣，以失敗收場。握著她的手，我想盡各種辦法安慰她。

今天，她又叨叨絮絮地這樣唸著，說她不想再活了。我便換一個方式回她：

「瑪莉蓮，我們談過幾次，病人如果無藥可醫，又受著極大痛苦，按照加州法律，醫師有權協助病人結束生命。我們的朋友亞歷山大就是這樣，記得嗎？過去兩個月，妳講過不知多少次，說妳是為了我才活著，說妳擔心如果沒有了妳我怎麼活下去。妳這話我想過許多回，昨晚躺在床上睡不著，又想了好幾個鐘頭。我這就說出來。妳聽著：**沒有妳，我照樣活下去**。我會繼續過我的日子——或許也不會太久吧，想想看我胸口上的那個小盒子。我不否認我會想念你，每一天，只要是活著……但我會繼續活下去。我不再害怕死亡……不像以前那樣。」

「我上次中風，膝蓋動手術之後，失去平衡，從此不得不靠枴杖或助行器行走，記得嗎？當時我有多難過、多沮喪，記得嗎？還嚴重到要回頭去做心理治療。但不管怎麼說，妳知道，那都過去了。我現在平靜多了——不再那麼折磨自己——甚至睡得很安穩。」

「我希望妳明白這一點：沒有妳，我照樣活下去。我無法忍受的，反倒是妳活得那麼苦，為了我，受那麼大的罪。」

瑪莉蓮深深看著我。這一次，我的話她聽進去了。我們一塊坐著，手握著手，久久，久久，久久。尼采的一句話掠過我心底：「**心裡起了自殺的念頭，反倒是極大的安撫：就這樣，有人熬過了許多個黑暗的夜晚。**」但我把這話留給自己。

瑪莉蓮閉上眼睛，過了一會兒，點了點頭，說道：「謝謝你跟我說這些。以前你都沒說。這樣我就放心了……我知道，對你來說，這幾個月是一場夢魘。你要打理一切——採購、煮食、帶我去看醫生，去診所，等我，一等就是幾個鐘頭，幫我穿衣，打電話給我所有的朋友。我知道，我把你給累壞了。但現在，你看起來一切都好，看起來很平靜，很穩定。你有好幾次跟我說，要是能夠，你願意替我生病。我知道你會。你一直在照顧我，一直那樣貼心，但最近，你有點不一樣了。」

「怎麼個不一樣法？」

「很難形容。有時候看似平靜，簡直就是淡定。怎麼會這樣？你是怎麼做到的？」

「這問題很大。我自己也不知道。但我有一種直覺，這無關於我對妳的愛。妳知道的，我愛妳，從我們十幾歲認識就一直愛著妳。這另有原因。」

「告訴我。」瑪莉蓮這會兒坐了起來，專注地看著我。

「我認為是這個。」我拍拍胸口上的金屬盒子。

「你是說你的心臟？但這跟淡定又有什麼關係？」

「這盒子，我經常摸摸碰碰，提醒自己，我隨時有可能因為心臟問題死掉，可能突然間或一剎那。我不要自己像約翰那樣死去，或任何像我們所看過的老年失智那樣。」

瑪莉蓮點點頭；她明白我的意思。約翰是個跟我們互動很頻繁的朋友，後來因為嚴重的老年失智，最近在附近一家安養院去世。上一次去看他，他不認得我，也不認得任何其他人，就只是站在那兒好幾個鐘頭不停地尖叫。我永遠忘不掉那一幕：那是我對死亡揮之不去的夢魘。

「如今，感謝我胸口上的這個東西。」我撫摸著我的金屬盒子。「我相信自己會死得很快——和我爸爸一樣。」

02 臥床病人

五月

我，瑪莉蓮，每天躺在客廳沙發上，從落地窗望出去，院子裡的橡樹及常綠植物映入眼簾。此時正是春天，我看到高大的加州白橡不斷冒出新嫩綠葉；今日稍早，於我們房屋前緣與歐文辦公室之間的雲杉上，見到一隻貓頭鷹棲停；也可以看到菜園一角，兒子里德在那兒種了番茄、青豆、黃瓜及南瓜。他要我想著蔬菜收成的夏日，到那時候，我也會「好多了」。

過去幾個月，由於多發性骨髓瘤，接受重度醫療，後來又因中風住院，整個人難受的不得了。每個星期化療注射後，連著幾天，嘔吐及其他的身體折磨不曾停過，這我就不對讀者細說了。總之，多數時間是疲憊不堪——彷彿腦袋周圍塞滿棉花，又像是在自己與世界中間罩上了一層霧紗。

我有幾個罹患乳癌的朋友，她們對抗疾病的經歷，直到今天我才算有了一些瞭解。身為乳癌病人，化療、放療、手術及支持團體全都成了她們的日常。二十五年前我寫《乳房的歷史》（*A History of the Breast*）一書時，乳癌還被視為「絕症」。而今在醫師眼裡，乳癌是「慢性」病，可以治療，可以控制。對乳癌病人，我幾乎可以說是羨慕，因為疾病一旦緩解，就可以停掉化療。多發性骨髓瘤病人通常卻要不斷治療，但也不至於頻繁地像我現在這樣每星期都要注射。我一再問自己：這樣做值得嗎？

我八十七歲了。八十七，是該瓜熟蒂落的時候了。看《舊金山紀事報》（*San Francisco Chronicle*）及《紐約時報》（*New York Times*）的訃聞欄，發現多數人辭世都是在八十歲左右或更年輕些。在美國，死亡平均年齡是七十九。即便是日本，擁有最長壽紀錄的國家，女性的平均壽命也是八七點三二。我這一輩子和歐文一同享有這樣的高壽及健康的大半生，為什麼現在卻要天天受罪，活在悲慘與絕望中？

簡單的答案是：死，並不是件容易的事。若我拒絕治療，多發性骨髓瘤只會更快要了我的命，但會很痛苦。在加州，醫師協助死亡是合法的。若我願意，在接近死亡時，也可以要求醫師輔助自殺。

但對是否應該活下去這個問題，我還有另外一個比較複雜的答案。經過了這段飽受煎熬的時期，我更體悟到，與我人生相連結的生命不是只有我先生和孩子而已，還有許多在我需要時不斷支持我的朋友。這些朋友，大量留言鼓勵我，送食物、送花和盆栽來家裡。一位大學時代的老朋友，送了我一件柔軟舒適的浴袍，另外一位為我織了一條羊毛披肩。我一而再、再而三地瞭解到，家人之外，我所擁有的何其多。最後，我明白了，一個人活著並不是只為了自己，還有別人。這個道理或許天經地義，但我卻是直到現在才充分理解。

由於我與史丹佛女性研究所的關係（一九七六至一九八七年擔任所長），我建立了一個女性學者與支持者的網絡，其中許多人都成為摯友。二〇〇四年至二〇一九年，十五年來，在帕羅奧圖的家裡及舊金山的公寓，我主持一個為灣區女性作家設立的文學沙龍，也大幅擴充了我的友誼圈子。此外，身為前法文教授，只要力所能及，我在法國及歐洲其他國家也投注過時間。沒錯，我擁有令人稱羨的地位，讓我有機會建立這一類的友誼。自己或生或死，世界各地——法國、劍橋、紐約、達拉斯、夏威夷、希臘、瑞士及加州——有那麼多的朋友關心，想起來都覺得欣慰。

對我們來說，幸運的是四個孩子——伊娃、里德、維克多及班恩——全都住在加州，三個在灣區，老四在聖地牙哥。過去幾個月，他們非常照顧我們的生活，白天晚上都在家裡，料理餐點，並為我們加油打氣。伊娃是醫師，為我帶來醫療用的大麻軟糖，餐前服用半粒，緩解嘔吐，也帶來胃口，效果似乎勝於任何藥物，而且沒有明顯副作用。

蕾諾兒，我們的孫女，從日本來，在矽谷一家新成立的生物科技公司上班，這一年和我們住。剛來時，我幫助她適應美國生活，現在則是她在照顧我。電腦和電視有問題，是她在幫我們處理，更為我們的伙食加添了日本料理。幾個月後，她將去西北大學念研究所，到時候我們一定會非常想念她。

但最重要的還是歐文，他是我的支柱，是最善解人意的照護者——有耐心，能體諒，全心全力舒緩我的痛苦。我已經五個月沒開車，孩子們來的日子除外，買菜及煮食全由歐文一手包辦。他開車送我去看醫生，陪著我度過幾個小時的注射時間。晚上，為我挑選電視節目，縱使不對他的口味，他也從頭至尾陪著看完。我寫下這些讚美，絕不是空口誇他，或讓讀者以為他簡直就是個聖人。這可都是我的親身體驗，沒有半句虛言。

我常拿自己的情況和別的病人比，他們治療時沒有摯愛的伴侶或朋友陪伴，什麼都得靠自己。最近一次，在史丹佛輸液中心坐等化療注射，旁邊的婦人就說，她獨自生活，但在基督的信仰中找到支持。儘管沒有人陪在身邊，看病時必須自己一個人熬過來，但每次都覺得上帝就在她的左右。雖然我自己沒有宗教信仰，卻為她感到欣慰。同樣地，朋友告訴我，她們為我禱告，也令我振奮感恩。我的朋友葳達，信巴哈伊教（Bahai），每天為我禱告，若有上帝，她熱切的祈禱必會得到聽取。其他朋友——天主教的、基督教的、猶太教的及穆斯林——也寫訊息跟我說，他們常為我禱告。作家朋友蓋兒．奚伊這樣寫道：「我為妳禱告，想像上帝合掌將妳捧起，妳那樣嬌小，剛好容得下。」我感動得熱淚盈眶。

歐文和我，文化上是猶太人，並不相信死後仍有意識。但希伯來聖經上的話語卻給我力量：「我雖然行過死蔭的幽谷、也不怕遭害。」（《詩篇》第二十三章4節）這些話語縈繞於我心際，連同其他的，其出處有宗教的，有非宗教的，我許久以前就已牢記不忘。

「啊，死亡，你潛伏何處？」《哥林多前書》（*1 Corinthians*）

「最糟的莫過於死亡，死亡自有他自己的日子。」（莎士比亞，《理查二世》

Richard II）

還有，〈屋內一陣忙亂〉（The Bustle in the House），艾蜜莉・狄金生（Emily Dickenson）的一首小詩：

把心打掃乾淨
將愛移走
但願永世
不再用到*

我躺在沙發上沉思默想，斯情斯景，所有這些熟悉的詩句都有了新的意義。當然，狄倫・湯瑪斯（Dylan Thomas）那樣的氣魄我是學不來的：「憤怒吧，憤怒對抗光的熄滅。」我已經沒有足夠的力氣這樣做了。反倒是我和兒子里德為我

Notes

* 譯註：此詩第一節為：屋內一陣忙亂／死亡後的清晨／世上最莊嚴的事情／正在進行。

們二〇〇八年的書《美國人的安息之地》（*The American Resting Place*）拍攝墓碑時，上面的碑銘讓我心有戚戚。其中一則至今記憶猶新：「身後活在人心，是為不死。」身後活在人心——恰如歐文常說的，要在認識我們的人，或經由作品知道我們的人的生命裡激起漣漪。又或如聖保羅的明訓所說：「有全備的信、叫我能彀移山、卻沒有愛、我就算不得甚麼。」（《哥林多前書》十三章第2節）

保羅把仁慈擺在第一位，應該謹記在心，因他提醒我們，愛，亦即善待別人，同情他們的痛苦，勝過一切美德（但讀到《哥林多書》後面：女人應該「在會中要閉口不言、像在聖徒的眾教會一樣・因為不准他們說話・他們總要順服」，以及「他們若要學甚麼、可以在家裏問自己的丈夫・因為婦女在會中說話原是可恥的。」我心中的女性主義不免吃驚，一邊偷笑，一邊想起了珍妮・蕭牧師〔Reverend Jane Shaw〕在史丹佛禮拜堂所做的多次佈道，場場精彩。）

保羅之論仁慈，到了亨利・詹姆斯（Henry James）的手裡，改寫成為一個俏皮的公式：

> 人生有三事極為重要。

第一是仁慈。第二是仁慈。
第三還是仁慈。

但願我能奉行此一格言，縱使受苦至此。

——

我看過許多女人勇敢面對自己及配偶的死亡。一九五四年二月，為奔父喪，我從衛斯理學院（Wellesley College）回到華盛頓特區，母親悲痛難抑，對我說的第一句話卻是：「妳一定要非常堅強。」永遠慈愛的典型，葬了丈夫二十七年，對女兒們的掛慮還是擺在第一。父親當年才五十四歲，在佛羅里達深海釣魚，突然心臟病發，撒手人寰。

數年之後，母親再婚。終其一生，嫁了四個丈夫，也埋了四個！她活著，經歷孫兒女、甚至曾孫兒女的誕生。搬到加州後，跟我們住得較近，安詳過世，享壽九十二又半。我總以為自己也可以活到她的年紀——但現在我知道，自己連九十都過不了。

一位知心朋友，蘇珊・貝爾（Susan Bell），年近九十。一生中不止一次逃過死亡的魔爪：一九三九年，納粹入侵捷克，她伴隨母親逃往倫敦，留下父親一人，死在泰雷欽集中營（Terezin Concentration Camp）。她與父母都是受洗過的路德教徒，但納粹把她四個猶太裔祖父母的帳算到她頭上，威脅取她性命，並殺害了她的父親。

蘇珊過世前幾個星期，給了我一件珍貴的禮物——她的一把十九世紀英國銀壺。一九九〇年，我們合編《揭露人生真相》（*Revealing Lives*）一書，一本集自傳、傳記及性別的選集，遙想當年，我們就是靠這壺裡的茶提神。蘇珊一直是女性歷史的開發領域的先驅，並在史丹佛克萊門研究所任專任學者，繼續這方面的研究，直至去世為止。二〇一五年七月意外撒手，死於游泳池中，享年八十九又半。

但這裡還值得一提的，或許是戴安・米鐸布魯克（Diane Middlebrook），她才是我未來幾個月要學習的典範。史丹佛英文教授，以詩人安妮・薩克斯頓（Anne Sexton）、希薇亞・普拉絲（Sylvia Plath）及泰德・休斯（Ted Hughes）的傳記聞名於世。戴安與我相識二十五年，結為知交，二〇〇七年因癌症英年早逝。在她過世前沒多久，我去醫院看她，她優雅地接待歐文和我，表達她對我們的愛，親吻我們告別。我注意到，對進出病房的護理師，她總是那麼客氣有禮。戴安離開我們，才六十八歲。

還有一個人，其衰病以至死亡影響我至深，那就是著名的法文學者賀涅·季哈德（Rene Girard）。五〇年代末至六〇年代初，賀涅是我在約翰·霍普金斯大學的論文指導教授，但我真正親近他，卻是幾十年後他來到史丹佛，我們成為好同事、好朋友之後。連同他的夫人瑪莎，我體驗了一種新的關係，直至二〇一五年他逝世。

在他的最後幾年，這種新的關係出奇地強烈，當時，由於數度中風他已經無法言語。相對不語，我坐他身邊，握著他的手，凝視他的眼睛。對我帶來給他的那幾罐手作杏仁醬，似乎百吃不厭。

最後一次我們相聚，他看到一隻北美野兔跑過窗外，興奮地用法文喊了出來：「一隻兔子！」儘管大腦的損傷已經堵塞了所有的語言，但這幾個字卻迸了出來。

當我自己中風，暫時失去說話能力，第一個想到的就是賀涅。腦子裡有著念頭，卻無法將之轉化成言語，那種經驗還真是奇特。

對自己很快就回復了言語，沒有絲毫殘餘效應，我心懷感恩。記憶裡，講話本身就是一大樂趣。四、五歲時，母親帶我去上演講技巧課，我們向貝蒂小姐行屈膝禮，在其他孩子及他們驕傲的母親面前朗誦詩歌。打從那時起，一生之中，私人聊天之外，公開講話也成了我的樂趣。

不料到了今天，長時間的聊天竟令我感到吃力，每有朋友來訪，不得不限定自己只能聊一個半小時。甚至連講電話，時間稍長一點都疲累不堪。

情況絕望至此，我找各種理由提醒自己仍當心懷感恩。我還能夠說話、閱讀、回電子郵件。在一個舒適溫暖的家裡，有那麼多可愛的人圍繞著我。化學治療的劑量及頻率可望逐漸減少，我將能夠重拾一種半正常的生活，只不過此刻不作此想罷了。一如過去碰到像我這樣的人，人們都會勸說的那樣，我勉強自己接受一個臥床病人的生活，或至少是處於康復期的病人生活。

03 覺察無常

五月

過去幾年中，三位知心老友，賀伯・寇茲（Herb Kotz）、賴瑞・查洛夫（Larry Zaroff）及奧斯卡・達戴克（Oscar Dodek），先後去世。三人都是我高中及大學的舊識，醫學院的第一年，我們還是解剖課的大體搭檔，從此一生莫逆。如今三人都已撒手，我成了我們共同記憶的保存者。儘管念醫學院的第一年已是六十年前的舊事，他們的音容笑貌鮮活依舊。我甚至有著某種奇想，若是開對了一扇門，往裡面瞧去，說不定還能看見我們四個活生生的人，正忙著解剖肌腱及動脈，互相調侃打趣，已經決定要做外科醫師的賴瑞，端詳著我一塌糊塗的解剖，笑說我決定當個精神科醫師，還真是外科界的一大幸事。

解剖課的回憶，有一段我印象特別深刻。那天，事情還真是可怕，我們剛要把大腦移出來準備解剖，掀開覆蓋大體的黑色塑膠罩子，赫然發現一個眼窩裡有一隻大蟑螂，我們全都噁心得作嘔，我則是其中之最。我這個人生來就怕蟑螂，小時候，在父親雜貨店裡及樓上的寓所中，蟑螂悉悉索索爬過地板，常把我嚇得魂飛魄散。

迅速蓋回黑色防水布，我說服其他人作罷，改打橋牌。午餐時間我們常打橋牌，接下來兩個星期，我們這個四人組就只顧著打牌，把解剖實驗丟到了一邊。儘管我成了一個不賴的橋牌玩家，但說來慚愧，我這個人花了一輩子研究人心，大腦解剖卻繳了白卷！

但真正讓人不安的是，這些鮮活的往事，承載著那麼多的感情，如今只存在我的心裡了。沒錯，沒錯，這樣的事再明顯不過——人人皆知。但不管怎麼說，內心深處我並未將這些當一回事，也從未想到過會有這麼一天，只有我能夠開啟門戶進入保留這些場景的空間。**事到如今**，什麼都沒了，沒有門戶，沒有房間，沒有解剖。過去的世界只存在於我大腦忙碌的神經裡。當我，四個人當中唯一還活著的人一死，唉呀，一切都將消散，這些記憶也將隨之永遠幻滅。一旦領會且承認了這一點時，我腳下的世界為之動搖。

但，且慢！當我仔細檢視自己的記憶：空無一人的講堂後面，四個人在打橋牌，突然間，我發現事情不是這樣的。畢竟是六十年前的事了！凡是寫回憶錄的人都知道，記憶並不可靠，是難以掌握的。就我所知，四個打橋牌的人當中，有一個人，賴瑞．查洛夫，是個非常用功的學生，一心一意要當外科醫師，要他蹺掉解剖課不上而去打橋牌，那是萬萬不可能的。我強迫自己閉上眼睛，更加用心審視自己的記憶，突然間，我明白了，橋牌四人組包括賀伯、奧斯卡和我，還有賴瑞——但不是賴瑞．查洛夫，是另外一個賴瑞，一個名叫賴瑞．伊內（Larry Eanet）的學生。接著我又記起來，我們的解剖小組共有六個學生：因某種原因，那一年的大體嚴重短缺，因此，是六個學生分到一具大體，而非四個。

這一來，讓我想起了這位朋友，賴瑞、伊內：一個頗有才華的鋼琴樂師，我們初中及高中時，校內的活動他從不缺席，夢想成為一位職業音樂家。但和我一樣，他的父母也是移民，強迫他進醫學院。賴瑞這個人心地善良，儘管我是個音癡，他還是想方設法提升我的音樂鑑賞力。就在醫學院快要開學之前，他拉著我去一家唱片行，為我挑了六張著名的古典唱片。念書的時候，我反反覆覆地聽，但是，老天，到了第一年結束，說起來還真窘，我根本還是辨別不出這些曲子。

賴瑞選擇了皮膚科，依他的想法，這一行可以讓他有最大的自由追求自己的音樂生涯。後來，音樂家諸如迪吉・葛拉斯比（Dizzy Gillespie）、史坦・蓋茲（Stan Getz）及凱伯・凱洛威（Cab Calloway）來訪，他都做過他們的鋼琴樂師。這會兒想起了賴瑞，何等美好！決定利用Google找他，天呀，他竟然也已在十年前離開人世。《華盛頓郵報》上的訃聞標題是這樣寫的：「爵士鋼琴大師，副業醫師！」如果他讀到，一定會笑逐顏開。

我們那組的第六個學生是艾爾敦・赫曼（Elton Herman），聰明、漂亮，最討人喜歡的學生，慢條斯理的，常常穿一條燈芯絨燈籠褲來上課。艾爾敦好嗎？人在何處？我滿喜歡他，想要再聽聽他的聲音。但我上網搜尋，才知道他也離開人世八年了。五個搭檔全都死了！一陣暈眩，我閉上眼睛，全神貫注於過去，不一會兒，我看到我們聚在一塊，手搭在彼此肩上圍成一圈。我們六個，年少氣盛，對未來充滿希望，渴望成功。六個學生，個個生龍活虎，有備而來，即將一同展開醫學院的人生。我們全都勤奮用功，滿懷成功的夢想，但除我之外，五人皆已入土，化作枯骨，別無所留。六個人，獨餘我行走世上。想到這裡，不禁為之顫抖。我活得比他們都長，為什麼？純屬幸運。我還能呼吸，還能思考，還能聞香，還能握著妻子的雙手，何其幸運！但我獨存。我想念他們。我的時間要到了。

但故事還沒完。有兩次，我將之說給病人聽，效果奇佳。其中一位婦人，兩個月之內先後失去了丈夫和父親——她生命中兩個最親的男人。她說，她已經看過兩位心理醫師，但兩位醫師似乎都遙不可及、無法進入情況的感覺，跟他們沒有交集。剛開始，我心想，要不了多久她對我也會有同樣的感覺。沒錯，整個諮商過程中，她看起來冷漠、遲鈍、很難接近。我感覺得到，我們之間有著巨大的鴻溝，而且很明顯地，她也有著相同的感覺。時間要結束時，她說：「已經好幾個星期了，我總覺得一切都不真實，我完全孤獨，好像在某個地方搭上一班火車，但座位全是空的，沒有其他乘客。」

「這種感覺我完全理解。」我回說：「最近我也有相同的體驗。」於是，我把自己失去五個醫學院同學的事情，以及真實感的崩解告訴她。

她用心聽著，身子傾向我，淚湧面頰說：「對，對，我理解，我完全理解，這

正是我的體驗。我流淚，是因為開心，火車上畢竟還**有**其他人。你知道我現在是怎麼想的嗎？我們兩人都應該祝福人生，活在當下的真實裡，起碼，此時此刻是真實的。」

她的這番話對我有如當頭棒喝。沉湎於知心的喜悅，我們久久不語。

兩個星期之後，我又把這個故事搬了出來。這次是我和一個病人的最後一次諮商。過去一年來，我每個星期見她一次，由於她住在千里之外，我們都是透過Zoom在電腦上視訊諮商。但因為這是最後一次諮商了，她決定飛來加州，彼此首次地面對面。

我們的治療過程相當激烈，她渴望父愛及理解，這方面我從來沒有讓她滿意過。我十分努力，但無論付出了多少，她總是不滿意，責難甚多。透過視訊看病我已經行之多年，對於視訊治療的效果，我相信絕不亞於面對面治療，但跟這位病人工作，卻使我生出了些許疑慮。幸運的是，當我知道她與前面兩個治療師都是面對面諮商，而且看了相當長一段時間，我這才鬆了一口氣。

等待她抵達時，我在心裡琢磨，不知見到了本人會是什麼感覺。是完全相同的一個人呢？還是面對本尊時，會是另一副讓我跌破眼鏡的陌生面貌？開始治療時我們握手，比平常的握手稍長了一點，好像我們想要向自己保證另一個人的真實存在一樣。

按照往例，我做自己最後一次諮商該做的事。溫習我做的筆記，準備說明我們之前面談的紀錄，並重新檢視她之所以找上我的原因，打算跟她討論我們已經做過的及合作的狀況。

但對我說的她毫無興趣，她另有所想：「亞隆醫師，我一直在想……我們簽的約是治療一年，每星期面談一次，我算過了，我們會面是四十六次，而不是五十二次。我知道，我自己度了一個月的假，您也有不在的時候，即便是這樣，看來您還欠我六次諮商。」

要我因此延後結束治療，門都沒有。更何況在別的地方我們已經討論過這個問題，我不止一次提醒她我們結束的日期。我回答道：「妳講這番話，依我的解釋，是妳十分在意我們的合作，希望我們繼續下去。其實我極為敬重妳的努力，即使是在極度痛苦的時候，妳也還是非常堅持，盡心盡力。所以，依我想，妳要把療程延後，那表示我對妳還是滿重要的。對不對？」

「沒錯，您對我確實很重要。沒錯，您也知道，對我來說，承認這一點可也不容易。沒錯，就這樣放過您的確很難。我知道，在我腦海中，您的形象其實很令人滿意。我也十分明白，這形象是會漸漸消退的。世事多變，一切無常嘛。」

我們一陣沉默，然後，我重複她的話：「一切無常。」我繼續說道：「妳的話讓我想起了一些我也經歷了的事情。妳不妨聽聽。」於是，我重述了五個同學之死的故事，也說出了自己同樣跟「**一切無常**」這種想法的掙扎。

講完之後，我們對坐，沉默良久，直至時間結束。然後，她說：「謝謝您，歐老，謝謝您分享這個故事，感覺受益匪淺，受益良多。」我們站起來結束療程，她說：「給我一個擁抱——一個我可以感受長久的擁抱。一個恆久的擁抱。」

04 為什麼沒去住安養院？

六月

幾年前，歐文和我考慮選擇一家安養院。只要經濟負擔得起，距離史丹佛大學幾條街就有一家，叫做威（Vi），史丹佛人還滿熟悉的。另外還有兩家，彰寧之家（Channing House）在帕羅奧圖市區，遠一點的叫紅杉（Sequoias），偏鄉下地方，環境優雅。三家都提供膳食及各方面的服務，從日常生活到安養照護都有。我們喜歡去威及紅杉，跟住在那兒的朋友用餐，對這類居住中心的種種便利甚為瞭解。但因為當時還沒有嚴重的健康問題，也就沒有採取行動。

我們的同事，艾蓮諾・麥考比（Eleanor Maccoby），史丹佛第一位女性心理學教授，一〇一歲於威去世。她每星期主持院內的時事討論，持續超過十二年，生命最後幾年，還完成一部傑出的自傳。院方為她舉辦隆重葬禮，我們前往弔唁時，遇到許多朋友，大家都活得康健安泰，深感欣慰。

有的時候，我們自問：沒有住到安養院去，算不算是失策？沒錯，二十四小時的照護當然方便，還有膳食的準備及供應，那可是天大的福氣。但一想到要丟下住了四十多年的家，以及那滿院子的蒼翠，我們就捨不得了。捨不得的不僅是房子和庭院而已，還有那棟獨立的辦公室，那可是歐文寫作及偶爾看個病人的地方。

幸運的是，我們的經濟狀況還容許我們保有自己的房子，並做一些必要的改變。我們的臥室在二樓，當我顯然無法應付樓梯的難題時，便裝設了樓梯升降椅。現在，我像個公主般，坐著專用沙發上下樓梯。

能夠留在這個家裡，最重要的或許是有管家葛羅莉亞繼續陪伴我們，她跟著我們已經超過二十五年，照顧我們及這個家。幫我們找眼鏡、找手機、清理餐具、換床單、幫庭院澆水。生活中有像葛羅莉亞這樣的人還真是幸運，這在美國，幾人能夠？我們的「幸運」明顯有賴於我們經濟狀況，但縱使如此，卻又絕對不止於此。葛羅莉亞非比尋常。為我們工作的同時，她養育三個兒子及一個孫女，還要應付中年的人生困境，包括離婚。我們盡自己所能使她過得安適，當然，包括一份優渥的待遇、社會保險，以及帶薪的年休假。

沒錯，我們都知道，一如請得起管家的人不多，住得起安養院的美國人也屬少數。安養院，視地點與服務而定，現今的平均收費，每個月從四千至八千美元不等。根據亞當·戈普尼克（Adam Gopnik）二〇一九年在《紐約客》的報導，住進養護中心或安養院的老年人，所佔比例不到百分之十，多數人寧願留在家裡，即便有許多人不願意，但卻缺乏財力。

我們也選擇留在自己家裡，但卻是基於感情而非現實問題。這個家是我們花了幾十年的時間打理出來的，視需要增建，最後打造成一個舒適溫馨的空間。客廳、後院及前面草坪，生日派對、簽書會、婚禮及婚宴，次數多到不知凡幾。從二樓的臥室窗戶，可以看到鳥雀在高大的橡樹上築巢。樓上其他臥房，如今因孩子長大空著，作為兒女、孫兒女及朋友來訪時居處。有外地訪客來到灣區，我們也會邀請他們小住。

再來，就是我們的家當——家具、書籍、藝術品及紀念品——整個家裡到處都是，數量之多，真不知這相對狹小的空間當初怎麼塞得進這許多東西？儘管我們已經動手把一些物件給了孩子，但多數東西都有感情，每一樣都有故事，喚起人生中的某段時日，都寄存著難忘的回憶，真要捨去還是不免心疼。

門廳的兩隻木製日本犬，一九六八年購於倫敦波托貝羅路（Portobello Road）。那年教授休假結束，即將揮別英國，我們的英國銀行帳戶裡還剩三十二英鎊。看到兩隻犬——公的露齒，母的閉口——我猜想應是頗有年代的珍品，便詢問店家來歷，他答說是某個剛從亞洲回來的人寄售。我們就拿帳戶中還剩的三十二英鎊出價，他居然接受了。如此這般，兩隻日本犬隨同其他買來的物品運送回國，從此成為家裡的珍藏之一。

一尊埃及頭像雕刻，本來是古代盛裝死人內臟（胃、腸、肺及肝）的卡諾卜罈（canopic jar）的塞子，如今端坐在我家客廳的架子上。三十五年前，我們購於巴黎一個古董商，附帶的證明書上寫著，此一頭像代表的是安賽特（Amset），埃及民族守護神荷魯斯（Horus）四個兒子之一。頭像莊嚴，眼眶描黑，我喜歡跟那雙魚形的眼睛對視。歐文和我從未一同旅遊埃及，但數年前女兒伊娃陪著我參加一個衛斯理旅行團，參觀開羅的博物館及清真寺，搭船溯尼羅河而上，探訪金字塔及寺廟，對古埃及留下生動的印象。

滿屋子的視覺提示——面具、繪畫、織物，令我們想起一個把美當作生活的地方，重溫峇里島兩個月的教授休假。壁爐上方巨大的雕刻面具，兩眼爆凸，金耳招風，紅舌細長，自森森白牙間伸出。另一峇里物件，位於樓梯下方的門上，則有趣得多，是一隻雙翼龍，口尾相啣。樓上則有多幅布畫，所繪的峇里風景中，有禽鳥枝葉，風格皆非寫實。在峇里，常見同一場景重複入畫，因為，藝術追求「原創」毫無意義。同樣的題材，誰都可以畫，形成了一種視覺的傳統。

所有這些東西，誰會要呢？對我們來說，固然魅力十足，充滿回憶，但並不意味著孩子們就有興趣。等到我們一撒手，這些寶貝所附帶的故事隨之煙消雲散。啊，或許不是全部都如此。我們擁有的東西裡面，不乏繼承自父母親的，家人直呼為「爺爺的桌子」或「莫頓姑丈的瑋緻活（Wedgwood）」。像這一類的物件，孩子們看著長大，記得它們原來的主人，像歐文母親莉芙卡五〇年代家用的時髦物件，以及歐文姊夫莫頓姑丈收集的骨董瑋緻活陶瓷器、紙鎮及錢幣。還有「奶奶的」牌桌，紅、黑、金三色，新巴洛克風格，放在日光室裡，歐文與他父親及孩子們不知在上面消磨過多少場的棋賽及牌戲。任何一件，三個孩子一定都喜歡擁有。

最近，兒子班恩的妻子，阿妮莎，談到我們裱框掛在不同房間的刺繡。我告訴她，這些都是一九八七年在中國一處露天市場發現的，這類珍品很便宜就能買到。

阿妮莎及班恩喜歡編織，因此我說，中國刺繡是他們的了。「只是要記得告訴孩子，那是奶奶和爺爺很久很久以前在中國買的。」

但最大的問題是處理我們的書，為數大約三、四千本。書多少都經過分類——精神醫學教科書、女性研究、法文及德文、小說、詩、哲學、古希臘羅馬文學、藝術、食譜，以及我們作品的外文譯本。無論哪個房間，餐廳除外，加上幾個櫥櫃，到處都是書、書、書。我們一輩子都是書痴，儘管歐文現在大部分是利用iPad閱讀，我們買書還是以熟悉的紙本為主。每幾個月，總要把成箱的書送給地方上的公共圖書館或非營利組織，但房間裡成排的書架還是沒有空出來的地方。

朋友寫的書自成一個專區，他們有幾位已經不在人世。這讓我們懷念起亞歷克斯．康福特（Alex Comfort），英國詩人、小說家及非小說作家，以《性的愉悅》（*The Joy of Sex*）一書最享盛名。中風後，他被綁在輪椅上，手腳移動都有極大困難，正因為如此，在一本送我們的詩集上，他還寫下簡短扭曲的獻詞，令我們特別感動。加州州立大學東灣分校同事，泰德．羅札克（Ted Roazak）的書也很多。記憶中，他是最具原創力的歷史家兼小說家，一九六九年的《反主流文化之興起》（*The Making of Counterculture*），為英文字彙增添了一個新字詞。泰德的反主流文化分析令人想起反越戰示威、柏克萊言論自由運動，以及一九六〇年代我們所經歷過的各種政治動盪。還有史丹佛教授艾伯特・古拉德（Albert Guerard）、約瑟・佛朗克（Joseph Frank）及約翰・費爾斯提納（John Felstiner）的書，所有這些朋友，為我們多年的歲月增色，給後世留下了重要的文學評論著作。艾伯特是英國小說專家，約瑟是他那個年代最重要的杜斯妥也夫斯基學者，約翰是帕勃羅・聶魯達（Pablo Neruda）及保羅・策蘭（Paul Celan）的譯者。所有這些作品，全屬珍品，又該如何安置？

有一批藏書則是分開來陳列於玻璃門書櫃，全都是我們的狄更斯收藏。一九六七至六八年，我們在倫敦時，歐文開始收藏狄更斯的初版書及連載。狄更斯的作品多數都是每月連載刊行，後來再集結成冊。多年以來，只要有英國書商提供書目，其中若有狄更斯的，歐文就會核對我們是否已經有了，若沒有，就會下訂——視價格而定。到現在為止，《小氣財神》（*A Christmas Carol*）我們還缺一個好的版本，原因無他，標價太高。

班恩，我們最小的兒子，都會和歐文一起拆解包裹，即使當時還不懂得讀，也會細看書中的版畫。看到有最新的書送到時，都會大喊：「聞起來就像狄更斯。」

幾個孩子全都讀過一些狄更斯，但讀得最多的就屬戲劇導演班恩。狄更斯藏書歸他所有，似可理解。

至於其他書，也都難以割捨。所有的藝術書籍，我們的攝影家兒子里德或許會要？歐文的心理治療書籍，心理學家兒子維克多會要嗎？我的德文書，還有那些女性研究，又有誰會要呢？幸運的是，一位好朋友，史丹佛大學法文系的瑪莉-皮埃爾．烏勞（Marie-Pierre Ulloa），主動說她要收藏我的大批法文書。有幾個書商則會來家裡，挑選我們的收藏當二手書賣，但除此之外，我們的珍貴藏書看來也只有隨風四散了。

目前為止，所有這些都還安居在我們的家裡及歐文的辦公室。人生最後一段時日，還能夠在這些熟悉的物件間走動，足堪告慰。能夠留在家裡，我們心懷感恩，至於住到安養院或療養院，那則是沒有辦法的辦法了。

05 決定退休的一刻

七月

這些年來，我一直在慎重考慮退休，也做過短時間的嘗試。心理治療是我一生的職志，每想到要就此放棄，難免不捨。數年前，我採取了準備退休的第一步，當時決定，新病人做第一次諮商時就要告訴他們，我只看他們一年。

要身為治療師的我退休，其實十分不情願，理由可就不勝枚舉了。首先，是因為我樂於助人——時至人生的這個階段，這方面我也已經駕輕就熟。另一個理由，說來還怪不好意思，因為這樣一來我將失去許多聽故事的機會。我這個人，嗜故事如命，特別是那些可以拿來教學及寫作的故事。打從孩提時期起，我就熱愛故事，除醫學院那幾年外，總是不讀書無以成眠，屢試不爽。大文體家如喬伊斯（James

Joyce）、納博科夫（Vladimir Nabokov）及班維爾（John Banville）固然令我望塵莫及，但說到真正的講故事高手——狄更斯、特羅洛普、哈代、契訶夫、村上春樹、杜斯妥也夫斯基、奧斯特、麥克伊旺——才是我衷心崇拜的對象。

但那一刻終於來到，我告訴自己該是從治療師的崗位上退下的時候了。說起來，這還是有故事的。

七月四日，兩個星期前，我從附近公園的節日遊園會回到家，還不到下午四點，進到辦公室，打算花一個小時回覆電子郵件。才在桌前坐下不久，就聽到有人敲門。打開門，是一位美麗的中年婦人。「哈囉。」我招呼她。「我是歐文．亞隆，請教有何貴事？」

「我是艾米莉。心理治療師，從蘇格蘭來，我跟您約好的，今天下午四點見面。」

心往下一沉。天啊，不會吧，我的記憶又耍了我一次。

「請進。」我說，想要裝作若無其事。「讓我看看行事曆。」打開預約記事本，赫然看到下午四點那一欄大大地寫著「艾米莉．A」。今天上午我壓根就沒想到要檢查行事曆。正常情況下，我是說，如果我正常的話，我是絕不會在七月四日這一天約診的。其他家人都還在附近公園歡度節日，我只是提早回來，她的出現及我剛好在辦公室，純粹是巧合。

「很抱歉，艾米莉，但今天是國慶日，我甚至連行事曆都沒檢查一下。妳從遠處趕來的吧？」

「確實很遠。但因為我先生出差來洛杉磯，我也就跟著來到了世界的這一端。」

這多少讓我鬆了一口氣。至少她不是特意為了找個人看診，不遠千里而來，差一點還被人不小心放了鴿子。我想要讓她自在些，指了指椅子。「請坐，艾米莉，我現在有空，馬上就可以看，但先給我幾分鐘，我得跟家人說一聲，不要來打擾我。」

我趕忙回到距離只有三十公尺遠的家裡，留一張字條給瑪莉蓮，告訴她有意外的看診，並抓起助聽器（我不常用，但艾米莉聲音輕柔），回到辦公室。坐到桌前，打開電腦。

「艾米莉，我準備好開始了，但先要花兩分鐘重讀妳給我的電子郵件。」我在電腦上搜尋艾米莉的電郵，但找不到，這時候，她大聲哭了出來。我轉過臉看她，只見她從包包裡拿出一張摺好的紙遞給我。

「您要找的電郵在這裡。我隨身帶來了，因為上一次我們面談時是五年以前，您也找不到我的電郵。」她繼續哭，甚至更大聲。

我趕緊讀她的電郵，第一句：「過去十年，我們會面過兩次（總共諮商四次），您對我的幫助很大，而……」我根本讀不下去了，艾米莉失聲大哭，反覆說著：「我消失了，就這樣消失了。我們見過四次，您居然不認得我。」

我嚇壞了，放下那封電郵看著她。只見她淚流滿面，在包包裡找不到面紙，伸手到椅子旁邊、也就是我的辦公桌，結果，老天，面紙盒內居然是空的！不得已，我去洗手間將捲筒上僅剩的幾張衛生紙拿來，心裡拚命禱告，希望她就此打住眼淚。

一時之間，我們相對無言，脫離了現實！就在這一刻，我瞭解了，完全瞭解了，自己顯然已經不再適合繼續執業下去。我的記憶力嚴重受損。於是，我放下自己的專業承擔，闔上電腦面對她。「非常抱歉，艾米莉。到目前為止，這次會面還真是一場夢魘。」

我們又一陣沉默，她恢復了平靜，我知道自己該怎麼做了。「艾米莉，有幾件事情我想要跟妳說清楚。第一，妳那麼遠來到這裡，對我們的會面抱著希望及期盼，我十分願意傾我所有和妳共度接下去的一個小時。但由於我已經讓妳受盡了委屈，今天的諮商我不能收妳任何費用。第二，我要解開妳那種消失的感覺，請妳聽我說，聽我的心裡話：**我不記得妳，問題不在於妳，一切都是我的問題**。且讓我把自己現在的人生向妳坦誠說明。」

艾米莉停止哭泣，用手帕擦乾眼淚，傾身向前，表情認真。

「首先，我要讓妳知道，我結婚六十五年的妻子現正罹患嚴重的癌症，正在接受極度難受的化學治療。這對我的影響很大，我工作的專注度嚴重受損。另外還要告訴妳，最近我受到了質疑，由於記憶力嚴重受損，是否已不適合繼續從事治療師的業務。」

我口裡說著，心裡卻質疑自己。我這樣說，好像是怪妻子生病才帶來的壓力——與我無關。我覺得自己很要不得：我明白，妻子生病前我的記憶就有問題了。還記得幾個月前和一個同事散步，就跟他談起自己對記憶力的憂慮。我說起自己早晨起來盥洗，刮完臉後，完全不記得刷過牙沒有。看了牙刷是濕的，才確定刷過了。記得那位同事說（就我的風格來說，實在有點唐突）：「所以說，歐文，你都不把事情記下來囉。」

艾米莉十分用心聽著，說道：「亞隆醫師，這也正是我要跟您談的事情之一。我一直擔心的，也是同一件事，現在尤其擔心自己認臉的問題，我很害怕自己得了阿茲海默症。」

我毫不思索馬上回道：「這妳就多慮了，艾米莉，妳的情況是所謂的臉盲，亦即臉部識別能力缺乏（Prosopagnosia），**不是**阿茲海默的前兆。有興趣的話，或許可以去讀讀奧立佛．薩克斯（Oliver Sacks）的一些作品，他是很棒的神經學家及作家，他自己就有認臉的問題，這方面寫得非常透徹。」

「書我會去看的，我對他還滿熟悉的。他是很棒的作家，《錯把太太當帽子的人》我就很喜歡。英國人，對吧。」

我點點頭。「我是他的大粉絲。兩年前，他得了絕症，我寄一封仰慕信給他，兩星期後，接到他伴侶的短信，說在奧立佛逝世前幾天，把我的短信念給他聽了。但我還有些東西要跟妳說。艾米莉，我自己也有這方面的經驗，最常見的就是在看電影或電視時——我老是會問我妻子：『這個人是誰？』事實上，我十分清楚，如果沒有我妻子，很多電影我根本沒辦法看下去。這種毛病我不是專家，妳還是去找神經學家談談，但請放寬心，這**不是**失智的徵兆。」

如此這般，我們的諮商，或更恰當地說，我們的交心對談，進行了五十分鐘。像我這樣把自己的狀況分享予她，儘管我不敢說一定，但我猜想對她是有意義的。就我自己來說，我敢說我永遠不會忘記這一小時的共處，因為，正是這段時間讓我下定了決心：從自己的工作上退下來。

第二天，我仍然放心不下艾米莉，便發了一封電郵給她，再次向她道歉自己沒能為我們的諮商做好準備，但縱使如此，我希望我們的會面可以讓她得到益處。次日，她回信說，我的道歉令她感動，又說我們所有的會面她都感念在心。回想往事，她寫道：「在過去幾次會面中，您的好心特別令我感動：借給我三十美元搭計程車去機場，因為我身上沒有美鈔。另一次，是在結束時容許我給您一個溫暖的擁抱。最後一次，不收我的費用，現在又給我一封動人的道歉信。這都是常人之間的對待，不太像是治療師與**個案**的相處，這讓我有了很大的不同（以及對我的**個案**）。令人開心的是，縱使知道我們錯了（身而為人），卻可以把人做好，出之以真誠及好心。」

艾米莉的來信，我感念於心。退休之痛因而化解不少。

06 挫折與希望

六月

六月通常是家庭歡慶的月份：六月十三，歐文生日；六月二十一，父親節；六月二十七，我們的結婚周年慶。今年的六月尤其特別，因為是我們結婚六十五周年！我們還真可說是天長地久，因為以美國人來說，能走得這麼長遠的實屬不多。比起過去，現在的人就算結婚了，也大都晚婚。我們原先計畫好，六月二十七日那天要大大慶祝一番，但後來又決定延期，等我「好些」再說。

五月，我去參加了一個在史丹佛舉行的灣區多發性骨髓瘤病人支持團體，離開時下了一個決心，一定要更積極地關心自己的疾病。年紀較輕的病人會接受激進的治療措施，諸如幹細胞及骨髓移植，我佩服他們的勇氣，卻不願意走這條路。同時，我也懷疑，過度用藥及「一體適用」的處方有可能是導致我二月中風的原因。但過去一個月的化療減量似乎沒有什麼效果，我需要回到較高的劑量。這一來，又不免令我害怕擔心，因為過去的經驗告訴我，副作用實在太大，我不想在僅剩的日子裡再受那種磨人的痛苦。眼下，我考慮的是萬科二級（level 2 Velcade，次於最高劑量的一級），看看能不能把我的病魔降伏。

對歐文來說，這也是一段艱難時期。身為一個精神科醫師，他對自己的角色有著強烈的內在認同，退休的現實成為一種掙扎。他極度懷念治療師的生活，但我有信心，他自會走出一條路來，持續他的專業身分。他每天要回覆二十來封電郵，仍然幫人做一次性的諮商，並以治療師為對象，透過Zoom來發表演說。最重要的是，他仍寫作不輟。

我也擔心他的身體狀況，尤其是他的失衡，這使得他在家裡要用枴杖，戶外要用助行器。每想到萬一他跌到受傷，我就害怕得不得了。

我們兩個是絕配，我有多發性骨髓瘤，他有心臟及平衡問題。

兩個老人，跳最後的生命之舞。

父親節，兒孫們在庭院中為我們準備了上好的午餐，有歐文最喜歡的菜色：茄子、番茄蘿蔔泥、烤雞、沙拉及巧克力蛋糕。我們實在幸運，有那麼好的孩子照顧我們，讓我們可以依靠信賴。一如天下的父母，我們希望在我們走後，孩子們還繼續是「一家人」，但是，當然啦，那不是我們所能掌握的了。

眼下，每個兒孫都過得很好。最大的孫女莉莉和她的妻子阿蕾妲過著快樂的婚姻生活，除了有各自的工作，最近還在奧克蘭買了房子。她們住在灣區，令我感到安心，因為那兒普遍都接受同性婚姻。第二個孫女艾蘭娜，杜蘭大學醫學院已經念到最後一年，準備當個婦產科醫師，和她母親一樣。蕾諾爾，第三個孫女，在西北大學讀生物研究所。長孫傑森已在日本讀完大學，在一家以海外開發為主業的建設公司上班。戴斯蒙，第二個孫子，剛從阿肯色的亨德利克學院畢業，取得數學及計算機科學學位。身為祖母的我，樂見他們個個學有專長。

但難以接受的是，我大概趕不及看到三個小孫兒女長大了：亞德里安六歲，瑪雅三歲，帕洛瑪一歲，都是班恩及阿妮莎的孩子。亞德里安一歲時，我們一老一小用兒歌培養感情。我唸他聽，然後他又唱又演的。依我的心眼看，他若不是像矮冬瓜（Humpty Dumpty）那樣「跌一大跤」，就是會和〈嘿，滴答滴答〉（Hey

Diddle Diddle）裡面的盤子及湯匙一樣在跑。如今，我的壽數將盡，不禁驚覺，自己無法看到亞德里安、瑪雅及帕洛瑪長成少年了。記憶飛逝，他們將不記得我了。啊，或許亞德里安記得，當他聽到兒歌時。

今天開始接受萬科注射。歐文帶我去，當然一如往常，全程陪伴。先是在檢驗室抽血，是一項快速且無痛的程序，然後按照我的身高和體重，由檢驗結果決定所需要的萬科劑量。這樣的個人化處理，讓我覺得安心，特別是在幾乎喪命的中風之後。

在輸液中心由一位護理師幫我進行萬科注射。護理人員都很親切又有效率，對我有問必答，一邊照顧我蓋好保暖毯子，同時給我蘋果汁補充水分。注射部位是在腹部周圍的肉，才幾秒鐘就完成了。就這一回，我很開心自己有那一圈多出來的肉。

事後，歐文和我去史丹佛賣場吃中餐。用餐時我發覺，自己有種享受的感覺！希望這種美好的感覺可以繼續下去。

不像我所擔心的，萬科注射的副作用沒有想像中嚴重。萬科注射之所以沒那麼可怕，關鍵之一是治療前服用了類固醇，似乎使我不那麼焦慮，精神也比平常好些。唯一的缺點是夜裡無法入睡，不得不求助強效的安眠藥物。

一天晚上，鄰居麗莎與赫曼送來披薩分享。十年前，麗莎經診斷罹患乳癌，一連串大刀闊斧治療，包括乳房切除、放射治療及化學治療，目前已經進入緩解期。她說她也經歷過「化療腦」，化療藥物搭配類固醇的日子裡也有睡眠問題。過來人的話令我安心，自己的不良症狀看來都屬「正常」，可能只是短期現象。麗莎，六十五歲，夫妻倆攜手從事組織心理學的工作，充滿活力與創造力，日子過得極好。

我還能夠坐在電腦前，回覆電子郵件並重回寫作，同時，也為史丹佛檔案館挑選材料。過去至少十年，我們都把論文及著作送到那兒，自從歐文對自己文稿的下場似乎不太在意之後，就把這工作丟給了我。他會問，有誰會去看他的檔案呢？我就提醒他，有兩個重要人物已經去過檔案館調卷：莎賓・季西澤（Sabine Gisiger），為了她所拍攝的《歐文・亞隆的心靈療癒》（Yalom's Cure）；還有傑佛瑞・柏曼（Jeffrey Berman），為了他討論歐文全集所寫的書《歐文・亞隆的心理治療文學》（*Writing the Talking Cure*）。

我還整理了另一個抽屜，裡面滿是文書，想到自己活過的大半輩子都將隨著我們而死去，不免惆悵。對於存在的本質，檔案館裡的文件充其量給個線索而已，但到了學者、歷史家、傳記作者或製片人的手裡，用心保存在圖書館裡的材料卻得到了生命。某些文字就沒有這個命，譬如歐文和我合寫的兩篇文章〈內疚〉（Guilt）及〈寡婦〉（Widows），甚至連我們自己都忘了。何時寫的，為什麼會寫？一點印象都沒有。它們還見得了天日嗎？

有些過往的文書令我不禁莞爾，譬如一九八八年蒂莉・奧爾森（Tillie Olson）的一封信，她那字跡真是小到不能再小，沒有人學得來。我在史丹佛組織了一個公眾訪談計畫，訪談的紀錄集結成冊，書名為《西岸女性作家》（*Women Writers of the West Coast*），配上瑪歌・戴維斯（Margo Davis）超棒的照片，蒂莉也在其中。蒂莉的才氣沒話說，那時候正如日中天。有一天，她到我史丹佛的班上來演講，只見她環視全場，說道：「特權沒有什麼不對，人人都應該有。」

翻找出來的東西，多數都只能丟掉。一百個美國人的墳墓資料，有誰會要呢？但話又說回來，若就此丟棄，卻又不免心疼。那可都是我和兒子里德為我們的書《美國人的安息之地》行遍美國、走訪墓園之所得。千千萬萬人為死去的家人立碑，心愛之人長眠於此，刻名石上，唯盼永久。此書得以付梓問世，我感念於心。

清理自己的文字作品，對任何人來說應該都是百感交集吧。對我來說——寫了一輩子的文章——有的時候，更是令我震驚。有一份文件，題名〈我在乎的事〉，十年前寫的，看了就揪心不已。句句所談，正是我現今放在心上的事：

昨天早上醒來，腦子裡浮現一片四葉苜蓿草。我馬上明白，這和我今天要講的東西有關。對我來說，夢和醒來後的殘像，讓我看到自己的更深處……這夢有點令我困惑，因為，我計畫要講的是三件事——代表四葉中的三葉——但不知道第四葉代表什麼……

1. 我在乎我的家人及知心好友。正因為這樣，其實我無異於世上其他人……
2. 我在乎自己的工作，我不再是一個教授，而是一個作家，在意的是學術圈內外的讀者……
3. 我在乎的是自然，美與真的另一種形式。終其一生，自然世界始終是我的興趣、慰藉及靈感之源……

4. 現在我想到了，苜蓿的第四葉代表的是什麼。與此相關的是道德的堅持、意義的追求、與人類的一體，以及與自然的結合，亦即我們今天統稱的「精神」。

人生路上，不可能只有一個指標，每個人都有自己所在乎的事情。但一路行來，卻不乏種種提示及路標。英美詩人、聖經、普魯斯特（Proust）、湯婷婷（Maxine Hong Kingston）、一窩鵪鶉及玫瑰花蕾的綻放，我懂得從許多地方，書寫的及非書寫的，把自己找回來。父母、師長、同事給我的照顧與愛，我感念不忘。《詩篇》第二十三篇：「我一生一世必有恩惠慈愛隨著我。」我常放心上，努力讓自己不辜負此一詩行，並將之傳給下一代。如今，我在世上的時間將盡，剩餘的日子裡，謹守這些原則，努力活出自己。

儘管挫折重重，但覺得活著真好的時刻還是有的。史丹佛及麥林縣的好友最近來午餐，與他們相聚了三、四個小時。史丹佛精神醫學系的大衛·史皮格爾（David Spiegel）及大名鼎鼎的舊金山公共電台（KQED）《論壇》（Forum）節

目主持人麥可．克拉斯尼（Michael Krasny），兩人都擅長講猶太笑話，幫助實在很大。

現在，每當惱人的副作用回來時，我就努力回想跟這些知心風趣的好友相聚時的歡笑。最近，發現右眼長針眼。眼科醫師說要熱敷，點抗生素藥水，沒把它跟我的病聯想到一塊。但現在又多了兩顆，我開始擔心。歐文上網搜尋了「針眼與多發性骨髓瘤」。沒錯，針眼也在萬科的副作用之列。

內科醫師及血液科醫師叫我繼續熱敷，不建議我停掉萬科。如此這般，我困在延長生命藥物的優點及其惱人的副作用之間。誠如一位科學家所言：「無藥不毒……唯有在完全控制的情況下才有益。」就我自己來說，服用化療藥物瑞復美膠囊導致我中風的災難之後，我才真正瞭解，化學治療是可以延長生命，但那還得要它沒先把你殺死才行。

我想知道自己是否會進入緩解。這會是我最後的夏天嗎？

想起《傳道書》的話語：「凡事都有定期……生有時，死有時。」

07 重溫《凝視太陽》

八月

為了瑪莉蓮的治療，我們和腫瘤科醫師M做了一次重要的會面。化療的副作用太過於嚴重，瑪莉蓮無法承受，M醫師先是表示同意，但實驗結果顯示，劑量太低就沒有效果。因此，她建議另闢蹊徑，採取免疫球蛋白療法，每星期注射一次，直接攻擊癌細胞。對此她提出了重要的數據：注射結果，百分之四十的病人有明顯副作用，包括呼吸困難及出疹子，但多數可以用強效抗組織胺應付。這當中，三分之二的病人熬過了副作用，獲得重大改善。她的話令我十分不安，換句話說，如果瑪莉蓮是在另外那三分之一的病人內，這種療法對她無效，那也就沒有希望了。

瑪莉蓮同意免疫球蛋白療法，但問了一個勇敢的問題，字字清晰，毫不含糊：

「如果這條路證明無法令人忍受或無效，您會同意我跟安寧照護醫師討論醫助自殺嗎？」

M醫師聞言一驚，遲疑了幾秒鐘，但還是同意了瑪莉蓮的要求，並向我們推薦安寧照護科主任S醫師。幾天後，我們和S醫師見面，一位沉穩、明快、親切的女醫師，針對瑪莉蓮所用藥物的副作用，一一說明了她的部門所能提供的緩解之道。瑪莉蓮耐心聽完，最後問道：「如果不舒服到了極點，想要結束生命，安寧療護可以扮演什麼角色？」

猶疑了一下，S醫師回答說，只要有兩位醫師簽字同意，他們便會協助她結束生命。聽聞此言，瑪莉蓮看來十分平靜，同意開始做一個月的免疫球蛋白治療。

我整個人呆在當場，心神恍惚，但同時又佩服瑪莉蓮的果決無畏。我們的選項愈來愈少，如今，瑪莉蓮結束自己生命的事，我們居然就這樣敞開來談，彷彿聊家常一樣。看診離去，我茫茫然，腦筋一片空白。

那天，剩下來的時間裡，我寸步不離瑪莉蓮：心裡只有一個念頭，不讓她離開我的視線，跟在她身邊，拉著她的手，生怕她走掉。七十三年前，我愛上她，今年，我們剛歡度了六十五周年結婚紀念。愛慕一個人，如此之深，如此之久，我知道，這絕不尋常。即便到了今日，只要她走進屋裡，我就心神一亮。她的一切，我無不愛慕——她的優雅、美麗、親切、智慧。儘管知識背景各異，我們都熱愛文學與戲劇。科學領域之外，她學問淵博。任何時候，任何有關人文的問題，我遇到不懂的地方，她幾乎都能於我有所啟迪。我們的關係並非永遠和諧，我們有歧見，有爭執，有自以為是，但我們彼此永遠坦白誠實，永遠，永遠，把我們的關係擺在第一位。

這一輩子，我們幾乎都是一起度過，但如今，她得了多發性骨髓瘤，迫使我思考沒有她的日子。生平第一次，她的死亡不僅真實，而且近在眼前。一個沒有瑪莉蓮的世界，想起來都覺得可怕，心裡不禁掠過隨她同去的念頭。過去幾個星期，我跟幾個親近的醫師朋友談起這事。其中一人說，他也想過，妻子若死去，他就隨之結束自己。一些朋友也想過，如果面對嚴重失智，那還不如一死了之。我們甚至談過方法，諸如大劑量嗎啡、某種抗憂鬱藥物、氦氣，或毒芹會（Hemlock Society）所建議的其他辦法。

在我的小說《斯賓諾莎問題》（*The Spinoza Problem*）中，寫到赫曼．戈林（Hermann Gorings）在紐倫堡的最後幾日，他吞服一小瓶藏身的氰化物，躲過了絞刑劊子手的毒手。所有納粹高層都分配有氰化物膠囊，許多人（希特勒、戈培爾〔Goebbels〕、希姆勒〔Himmler〕、鮑曼〔Bormann〕）都是以同樣方式結束生命。那已經是七十五年前的事了！現在呢？這樣的氰化物藥劑，要到哪裡才弄得到呢？

但一想到我若是自殺，對孩子們及整個朋友圈所造成的衝擊定然難以想像，我馬上就丟掉了這個念頭。還有就是我的病人。那麼多年來，無論是個人或團體治療，我看過許多失去配偶的男男女女，我總是使出渾身解數，陪著他們走過悲痛欲絕的一年，有時候是兩年。不知有多少回，眼看他們逐漸改善，重拾人生，我感動歡喜。我若因此就結束自己的生命，豈不是辜負了他們的及我們的努力。我幫助他們度過了悲痛，自己面對他們的情況卻選擇逃避。不，我不能這樣。幫助病人乃是我的人生核心，是我不能、也不願意背離的。

自從與那位蘇格蘭病人見面，儘管已經決定立即從治療師的崗位上退下來，但好幾個星期過去，我仍然繼續在做單次諮商，一個星期或許四、五個病人，但不再

接受長期的病人。對我來說，這是極大的失落：做了那麼久的治療師，這一來，生活重心頓失，我得為自己的生活找出一條路子來。所幸我仍能寫作，此一和瑪莉蓮合作的計畫就是一劑生命的靈藥，對她如此，對我亦然。為了尋找靈感，我翻出了成堆名之為「寫作筆記」的舊檔案，其中許多構思都是過去數十年草草記下的。

檔案中，故事俯拾皆是，都是來自我與病人所做的治療。一路讀來，對於這種教導後進治療師的上好材料，越讀興致越高。我極度在乎病人的隱私，一向不用病人的真實姓名，所以這些檔案只有我才看得懂。但也因此，越是往下讀，我越是糊塗。這些許久以前治療過的人都是些什麼人呢？看來隱藏病人的身分，我做得實在太成功，連他們的容貌都記不起來了。此外，由於我一直對自己的記憶力很有信心，因此更糟糕的是，在已出版的書中曾經用過的素材我全都沒刪掉。要是早知道自己到了八十多歲重讀這些檔案時，會是個什麼都不記得的老糊塗，我一定會簡單記下：「此處用於一九××或二〇××某書」。少了這樣的記載，一個頭痛的問題來了：哪些病人的故事是已經寫過的？寫在哪本書裡？我簡直快把自己給搞癱了。

毫無疑問，該重讀某些自己寫的書了，那麼多年下來，根本連翻都不曾翻過它們。轉身到專放自己著作的書架，《凝視太陽》（*Staring at the Sun*）亮黃的書套抓住了我的目光。這書算是比較晚近的作品，大約寫於十五年前，時當七十歲出頭。書的主題是，在病人的生活中，死亡焦慮所佔的分量重於一般人的認知。如今，自己的人生已經快到盡頭，妻子面對致命疾病，同時在思忖主動結束生命的課題，我不禁想，這書現在對自己會有多少的影響。那麼多年來，面對與死亡焦慮搏鬥的病人，我用盡一切辦法安慰他們。如今，輪到自己了。《凝視太陽》可以幫助我嗎？我可以在自己的作品中找到出路嗎？

書的開頭有一段話吸引了我，是米蘭·昆德拉（Milos Kundera），我最愛的作家說的：「**死亡最可怕的不是失去未來，而是失去過去。事實上，遺忘本身便是一種不斷在生命中上演的死亡形式。**」

此一說法當前就得到了印證。我越來越注意到，過去許多重要的事情正大塊大塊從我記憶中剝落，這話聽起來何等真切。在這方面，瑪莉蓮憑著她驚人的記性成了我的後盾。但她不在身邊時，記憶的坑洞可就把我弄得跌跌撞撞。我明白，一旦她走了，我大部分的過去也將隨她而去。幾天前，她整理一些要放到史丹佛檔案館去的材料，翻到一份課程大綱，一九七三年我們在史丹佛合開的一門課：「生命與文學中的死亡」。她興致勃勃追憶著這門課，但我卻像個局外人似的，腦海裡完全沒有任何印象，記不得我們講過的課，也記不得任何學生的容貌。

所以說，沒錯，昆德拉一語中的：「**遺忘本身便是一種不斷在生命中上演的死亡形式**。」

想到自己的過去就此消逝，一陣悲傷湧起。好多人都不在人世了，我是唯一記得他們的人：父親、母親、姊姊，許多玩伴、朋友及許久以前的病人，如今都只存在我神經系統一閃而逝的脈衝中。獨我一人紀念他們。

在我心裡，我見父親有如生時。一個星期天上午，一如往常，我們在家裡的紅色皮桌上玩棋。他是個美男子，一頭烏黑長髮，不分邊往後梳。我學他的髮式，直到進初中，母親及姊姊都反對才停止。記憶中，下棋多數都是我贏，但即使到了今天，還不知道是不是父親故意讓我。想著想著，父親慈祥的面容浮現，不一會兒，漸漸消退隱沒。想到自己一旦死去，他也將永遠消失，不禁悲從中來。世上不再有人記得他的容貌。世事無常，念頭升起，令我顫慄。

記得有一次，跟羅洛．梅（Rollo May），我的治療師，談起和父親下棋的往事。羅洛．梅說，他希望我用同樣方式紀念**他**，如他在世一般。他表示，多數的焦慮都是源起於害怕被人遺忘，「**虛幻的焦慮會變成實質的焦慮**」。換句話說，虛幻的焦慮，其為焦慮，很快就會依附到具體實在的東西上去。

讀者寄來的電郵說道，讀我的書，備受感動，也深受影響，令我心滿意足。但我心卻了然，一切一切——記憶云云，影響云云，都是一時的。一代過去，頂多兩代，我的書不再有人閱讀，我，也不再有人想起。當然啦，作為一堆資料，又有誰會記得我呢？若不懂得這一點，不承認存在之幻滅，便是活在自欺之中。

在《凝視太陽》中，前面有一章探討了「覺察經驗」，亦即一種對人必有一死的覺察。其中寫到狄更斯《小氣財神》中「未來聖誕精靈」拜訪史庫吉（Scrooge）的那一段，我很花了一些筆墨。精靈讓史庫吉提前看到他自己的死亡，並清楚讓他知道，對他的死亡，所有認識他的人其實都漠不關心。活了一輩子，一貫自私、唯我的史庫吉就此覺悟，在人格上起了重大的正面變化。覺察經驗另一個有名的例子，是托爾斯泰的伊凡．伊里奇（Ivan Ilyich）：臨終前，伊里奇幡然醒悟，自己之所以死得如此一無是處，是因為自己一輩子活得一無是處。一旦想通了，縱使只剩下最後一口氣，重大的改變水到渠成。

在我的許多病人身上，我見證過這種生命經驗的影響，但卻不確定自己是否體驗過這種重大的覺悟。就算有，也已經不復記憶了。基於我的醫療訓練，記憶裡，沒有病人死於我的治療。我自己，或我任何要好的朋友，也不曾瀕臨過死亡。縱使如此，我卻常常想到死亡，自己的死亡，並相信自己的這種關懷是普世皆然的。

一九五七年，決定以心理治療做為自己的終身工作，並開始在約翰・霍普金斯擔任住院醫師。剛接觸到精神分析思想時，就感到失望及困惑，對它忽略與死亡相關的深度問題尤其如此。住院醫師的第一年，羅洛・梅的新書《存在》（*Existence*）問世，為我開啟了一扇窗。我一頭栽入，把全書讀了個透，這才明白，許多存在哲學家的作品與自己的所學高度相關。最後，我告訴自己，非得要從頭學哲學不可，到了住院醫師的第二年，便在大學部發奮修了一年的西方哲學，每周三個晚上，到醫院及宿舍對面的巴爾的摩大學部上課。哲學胃口從此大開，大量閱讀了這方面的書籍。數年後，到了史丹佛，又修了好幾門哲學課，並與兩位我最欣賞的老師達格芬・法羅斯達爾（Dagfinn Follesdal）及范・哈維（Van Harvey）結成好友，至今時相往返。

從事治療師的第一年，從病人那邊我就注意到了覺察經驗。在《凝視太陽》

中，我寫到我的一個長期病人，治療期間，丈夫去世。之後不久，她決定搬離原來養大孩子們的大房子，住到一間兩房的小公寓去。因此，不得不捨棄許多充滿著丈夫及孩子回憶的東西，心裡卻明白，這些東西到了陌生人手裡，其間的故事也就隨之失落。我現在的心情就和她極端相似。當時，我只能想像自己處於她的情況。我認識她死去的先生，一位史丹佛教授，她不得不拋下那麼多他們共同的生活記憶，那種痛苦我感同身受。

把面對死亡帶入心理治療，是我進入史丹佛時才開始的。當時，我開始治療罹患致命疾病的病人，由於人數極多，於是開始思考為罹患絕症的人規畫一個治療團體。一天，一個難忘的日子，一位罹患轉移性癌症的了不起的婦人，來到我的診所，透過她與美國癌症協會的接觸，我們合作為轉移性癌症面臨死亡的病人籌組了一個治療團體，由我及幾個學生和同事帶領，持續多年。時至今日，這類團體雖然已很常見，但在一九七〇年代，就我所知，這卻是第一個，是其他任何地方所無。也就是在這個團體中，生平第一次，我毫無遮攔地面對死亡，看著我的團體成員因癌症一個接著一個地死去。

在這種情況下，我自己的死亡焦慮遽增，決定再次接受治療。說巧不巧，羅洛·梅從紐約搬到加州，在他位於蒂伯龍（Tiburon）的家裡開設診所，距史丹佛約八分鐘車程。我跟他聯絡上，接下來兩年，我們每星期見面。他對我的幫助極大，但我不免會想，我不止一次跟他討論死亡，對他也不無影響（他年長我二十二歲）。治療結束後，他和我，以及他太太喬紀雅和瑪莉蓮，我們結為至交。幾年過去，喬紀雅打電話來，說羅洛快不行了，要我和瑪莉蓮去他們家。我們火速趕去，與喬紀雅坐守他的床前，兩個小時後，羅洛撒手而去。說來奇怪，回想那一夜，點點滴滴如在眼前。死亡自會攫住你的注意力，將它永遠蝕刻在你的記憶裡。

我繼續讀《凝視太陽》，碰上討論學院及大學退休同仁餐會，這種聚會往往都會提醒人的老去，當然，死亡也免不了。這讓我想起一件事，兩個月前才發生的。

我去參加史丹佛前精神醫學系主任大衛·漢柏格（David Hamburg）的紀念餐會。大衛在我心目中極具份量，我的第一個、也是唯一的學術職位就是他給的，對我來說，他更是一個不可多得的導師及典範。本來以為紀念餐會上可以看到史丹佛精神醫學系的老同事及朋友，但到了那裡，一大群人中，只見到兩個早期精神醫學系的人。兩個都上了年紀，卻都是我進史丹佛好多年後才來的。真是失望呀！滿懷著期待能與五十七年前和我一同進入系裡的那十幾個青壯派重聚，當時，醫學院才剛搬到帕羅奧圖（在此之前，史丹佛醫學院一直設在舊金山）。

紀念餐會中，四下裡尋尋覓覓，探詢老同事。終於明白，除我之外，當年的青壯派如今都已做了古人，唯我一人，千山獨行！我開始在心裡面罵他們——彼特、法蘭克、亞伯塔、貝蒂、吉葛、恩尼、兩個大衛、兩個喬治。容貌依稀，但有些名字已經淡忘。想當年，我們個個都是新進精神科醫師，年輕、瀟灑、天真，滿懷希望與抱負，全都剛開展我們的職業生涯。

抗拒，抗拒，抗拒的力量之強，連我自己都感到驚訝。我忘了自己有多大年紀，忘了以前的同事和朋友全都做了古人，下一個就輪到自己。我還以為自己猶是昔日年少，非得碰到了某些無可否認的情況，才會把自己拉回到現實。

繼續讀《凝視太陽》，四十九頁的一段敘述吸引住我，寫的是我和一位悲傷的病人的面談，她失去一個知心朋友，結果死亡焦慮讓她嚴重到無法正常生活。

「死亡最讓妳害怕的是什麼？」我問。

她回答：「所有該做的事情都沒做。」

那種感覺格外重要，一直是我治療工作的核心。許多年來，我深信不疑的是，死亡焦慮與人生虛度的感覺呈正相關。換句話說，人生越是虛度，死亡的焦慮就越強烈。

——

死亡對人的威脅，很少有像親人逝世所帶來的那樣強烈。在《凝視太陽》的前面章節，寫到一個病人，在丈夫去世數天後做了一個可怕的噩夢：「度夏小屋，搖搖欲倒，我在垂著簾子的門廊中，面對一隻虎視眈眈的巨獸。我害怕得要命，想要安撫他，便丟給他一個身著紅格子花呢的洋娃娃，只見他一口吞下，但仍然死死地盯著我。」這夢的意義再清楚不過了。她丈夫嚥氣時穿的是紅格子花呢睡衣，夢則是在告訴她，死神不是那麼好打發的：光是她丈夫的死還不夠，她也是巨獸的獵物。

愛妻身罹重病，極有可能先我而去，但不消多久就會輪到我。奇怪的是，我害怕的，不是自己的死，而是以後沒有了瑪莉蓮的日子。沒錯，其實我明白，研究告訴我們，其中有些是我自己的作品，悲傷是有限的，事情只要過了一年——四個季節、生辰和忌日、各個節慶、整整十二個月，悲痛就會淡化。等到兩年過去，幾乎每個人都會再度重拾生活。這可都是我自己寫的，但我卻懷疑自己也能夠如此。我愛瑪莉蓮，從十五歲起，沒有她，我無法想像自己能夠完全重拾生活。我的人生充實地活過了，自己的抱負理想都實現了。四個孩子及孫兒女全都發展平順。我已經沒有什麼可求的。

一天夜裡做了一夢，特別令我焦慮。夢與瑪莉蓮的死有關，細節忘了，但清楚記得其中一段：他們把我葬在瑪莉蓮旁邊（很久以前我們就買好了兩塊相鄰的墓地），但我卻對此表達強烈不滿，我要我們靠得更近些，同葬一棺之中！早上起來，把夢說給瑪莉蓮聽，她說這根本就不可能。多年前，她和我們的攝影師兒子里德，為了他們的著作，走訪過全美國的墓園。就她的調查，一棺二葬，從未看過。

08 死的到底是誰？

八月

剛讀完歐文的〈重溫《凝視太陽》〉的篇章。感動之餘，心有戚戚。他已經在為我的死悲傷。說來奇怪，可能會先死的為什麼竟然是我，統計上，比較早死的可都是丈夫呀。兩性間的這種差別，甚至連英文都已經透露出來了。在英文裡面，比較常見的情形是，同一個字的兩性差別都是以男性為字根，譬如 hero / heroine 或 poet / poetess。但 Widower（鰥夫）的字根卻是 Widow（寡婦）。這裡以女性為字根，就是在說明女人比配偶長壽的統計優勢。

歐文的鰥夫生活我不敢想像。想到他要獨自一人度日我就難過，但如同過去八個月，我的心思還是擺在自己的身體狀況上。化療的那幾個月，幾乎要了我的命，第二劑藥，萬科，嚴重的副作用破壞力十足。如今，新用的免疫球蛋白威力沒有那麼大，有時還能讓我和歐文、兒孫及來訪的朋友歡欣小聚。但這藥是不是有效，誰知道呢！

我們已經看過S醫師，史丹佛安寧照護主任，一位親切的婦人，身負照顧病人末期生活的重責大任。如果M醫師跟我說，免疫球蛋白治療也沒有效，我相信自己會選擇安寧照護，最後，接受醫助自殺。我不想再做更進一步的治療。但話又說回來，這決定是我獨自一人能做的嗎？

好朋友海倫與大衛請我們吃飯，我跟他們提到安寧照護及醫助自殺的事，如果治療無效，這也是一種解脫。

大衛當場反駁我：「妳的身體只有一票。」

我不禁想到，一年來，這已經不止一次，我的死並不是我一個人的。我還得跟那些愛我的人分享，第一個，當然是歐文，但還有其他家人和要好的朋友。沒錯，我有一大圈朋友，一直往來密切，儘管如此，他們聽說我生病時所表現出來的關懷如此深切，還是讓我動容不已。有這些關愛的朋友環繞，何等幸運！

當電話及電子郵件多到我無法一一回覆時，我毅然採取了一個動作，寫了一封電郵，發給五十位朋友。全文如下：

親愛的朋友，

請原諒我發此通函，無法一一致意。過去六個月來，感謝大家的鼓勵——感謝大家來看我，送花，送食，以及其他溫情的表示。若沒有家人及朋友的支持，我恐怕走不到今天。

基於各種理由，我們現在已經放棄化療，準備做一種稱為免疫球蛋白的新療法，雖然沒有化療嚴重的副作用，但效果或許較低。是否有用，一、兩個月內可見分曉。

如果情況有所改善，希望能跟大家個別聯絡，找時間打個電話或見面聊聊。這裡很開心地跟大家分享，你們的一想一念，及有些朋友的禱告，撫慰了我的心靈，並在我與史丹佛醫療團隊延長我生命的努力中注入了力量。

謹此致上我對每個人的愛

瑪莉蓮

這樣一封通函，雖讓我覺得有點尷尬，卻也接獲了大量回函，不免高興自己做對了：這又給了我更多努力活下去的理由。

我想到一個法國朋友，一名外交官，得了非常要命的疾病。有一次，他對我說，他不害怕死亡，但害怕死亡的進行。我也是，死亡本身我不害怕，但死亡每天一點一點地逼進卻往往令人難以忍受。這幾個月來，死亡降臨的念頭我已經習以為常。在我和歐文合開的課程及他的寫作中，思考死亡這個題目已經幾十年。相較於友朋之輩，面對死亡，我似乎冷靜得多。但有時又不免懷疑，冷靜只是表象，意識深層其實還是怕得要命。

最近，隱藏的痛苦之泉在夢中噴湧而出，意象鮮明。夢裡，我打電話給一位朋友，她說，她成年的兒子前一天去世了。我開始呼喊、發抖、哭著醒來。

實際上，這位朋友沒有兒子。

那麼，我又是為誰而哭呢？或許，是為自己。

09 面對結局

八月

上午八點，和瑪莉蓮到醫院做免疫球蛋白治療。整整九個小時的靜脈點滴，我陪在她身邊。全神貫注守著她，生怕藥物會有強烈反應。但看到她人很舒適，沒有絲毫負面反應，多數時間都在睡覺，我感到放心。

回到家，接著而來的夜晚美妙無比。我們看一部英國廣播公司的舊連續劇《馬丁・朱茲威特》（*Martin Chuzzlewit*）第一集，保羅・史考菲（Paul Scofield）主演。我們都是狄更斯迷（特別是我——她總是把普魯斯特擺在第一）。多年來，每有機會在美國或國外旅行演講，只要有空我都去逛古籍書店，日積月累，收集了大批狄更斯初版書。

電視版本的卡司驚人，令我嘆為觀止。但是，老天，那麼多的人物，出場匆匆帶過，我認臉的問題就來了，弄得我糊里糊塗，若不是瑪莉蓮幫我指認誰是誰，我根本沒辦法看下去。關掉電視後，瑪莉蓮進臥室，順手拿了《馬丁・朱茲威特》的第一集（狄更斯的的大部頭小說全都分成二十集發行，每個月一集，由一長列的黃色車隊運送，讀者成群搶購）。

只見她打開第一集，興致勃勃，開始朗讀。我靠在椅背上，握著她空出來的手，一字一句盈盈在耳，陶然忘我。斯情斯景有如天上：有著一位朗讀著狄更斯、陶醉其中的妻子，何等幸福！對我來說，這是美妙的一刻，而這樣的時刻，從我們的年少時期起，她就已經為我帶來過無數。

但我知道，面對生死攸關的嚴厲挑戰，這只是短暫的喘息。第二天，我又回到《凝視太陽》的書頁中，繼續尋找幫助，讀到了有關伊比鳩魯（Epicurus，紀元前三四一至二七〇）的討論，在死亡焦慮的緩解上，他為我這種沒有宗教信仰的人提供了三項清晰有力的論點。第一點，由於靈魂會隨身體而消亡，我們將不再有意

識，因此，死後不會有恐懼。第二點說，靈魂會在死時消滅，沒什麼可以怕的。所以，「死之既來，我即不在，為什麼要害怕意識不到的事情呢？」

這兩點看來都言之有理，頗有撫慰之效，但最能讓我信服的，還是伊比鳩魯的第三個論點：人死後一無所有，其狀態一如生前。

數頁之後，讀到我對於「漣漪」概念的闡述，亦即人的行為與思想會擴散及於他人，猶如擲石水塘產生漣漪。此一觀念於我也甚為重要。若我給了病人某些東西，我知道，他們會換個方式將之傳給別人，如此不斷傳下去，漣漪於焉形成。打從六十年前開始從事心理治療，此一論點就內建於我的工作中。

於今，死亡焦慮之於我並不十分嚴重，我指的是自己的死。真正令我痛苦的，是我將永遠失去瑪莉蓮。有時念頭一閃，我竟然有點惱火她憑什麼先我而去。那樣反倒輕鬆得多。

我和她寸步不離。睡覺握著她的手。照顧她無微不至。這幾個月來，人雖在辦公室，卻連一個小時都待不住，就會走幾步路回家裡去看看她。我不常思考自己的死亡，但為了寫這本書，我放任自己的想像，不免會想：將來自己面對死亡時，瑪莉蓮再也不在身邊，想她，找不到人；喊她，也不會應了。沒錯，我還有四個孩子、八個孫兒女及許多朋友可以陪我，但是，唉，他們仍不夠深入，能洞察我的孤獨。

如果失去了瑪莉蓮，我該如何自處？我設想自己已經失去一切，還有什麼所剩。我深信，一旦瑪莉蓮撒手，所有我和她的過去，絕大部分都將隨之而去，每想到這一點就痛苦不已。沒錯，我去過許多沒有瑪莉蓮同行的地方——演講、研討會、多次浮潛及水肺潛水之旅、軍旅生涯的東方之行、印度的內觀修行，但這些經歷的記憶多數都已消亡。最近，看了一部電影，《東京物語》（*Tokyo Story*），瑪莉蓮談起我們的東京之旅，指出片中的許多建築及公園我們都看過，我卻全都不記得，隔了好一會兒，才想起我們去過的東京。

「記得不？」瑪莉蓮提醒我：「你在黑澤醫院做了三次左右諮商，之後我們去了京都？」

對，對，一切記憶都開始回來了——我發表的演講、一場由醫護人員扮演病人的團體治療表演、好幾場為我們舉辦的精彩派對。但若沒有瑪莉蓮，我什麼都記不起來。人雖然還活著，人生卻大半空白，想起來都覺得可怕。沒有她，那些島嶼、海灘、世界上各個城市的朋友們、我們攜手同遊的旅行，全都將煙消雲散，只餘模糊記憶。

繼續瀏覽《凝視太陽》，讀到一個完全遺忘了的章節，敘述的是和兩位良師：約翰・懷特霍姆（John Whitehorn）及傑若米・法朗克（Jerome Frank）的最後會面，兩位都是約翰・霍普金斯的精神醫學教授。我剛到史丹佛任職時，年歲尚輕，接到約翰・懷特霍姆女兒打來的電話，心裡甚是訝異。她告訴我父親嚴重中風，希望死前見我一面。約翰・懷特霍姆是我十分敬重的老師，專業上我也一直和他保持接觸，卻從未私下見過面，一次也無。老先生總是一本正經，永遠是以懷特霍姆醫師與亞隆醫師相稱。我就從未聽過系上其他人，甚至別系的教席直呼他的名字。

為什麼是我？為什麼要見我？一個他從未有過親密互動的學生。但他記得我，要我去見他，令我感動不已。幾個小時後，搭上飛機到了巴爾的摩，叫了計程車直奔醫院。進入病房，懷特霍姆醫師還認得我，人卻焦慮糊塗，一再喃喃低語：「我害怕得要命。」我覺得不知所措，想要給他一點幫助，想要抱抱他，但他是約翰・懷特霍姆，還真不知從何抱起。然後，抵達後約二十分鐘，他陷入昏迷。我滿懷悲傷，離開醫院。我心裡推想，是因為某種原因，我在他心中有了地位，或許是把我當成了他兒子吧。他兒子死於二次世界大戰突出部戰役（Battle of the Bulge）。

他跟我說起這事時，還補了一句：「那天殺的絞肉機。」他那哀傷的眼神我至今記得。

最後一次探望傑若米．法朗克，我在約翰．霍普金斯的導師，情況完全不同。人生的最後幾個月，傑若米．法朗克罹患老年失智，我去巴爾的摩一家療養院看他，見他獨坐，望著窗外，便搬一張椅子坐他旁邊。他這個人親切慈祥，只要有他在場，我無不歡喜。我問他現在過得如何。「每天都是新的一天。」他回答：「人一醒來，咻一聲。」手往額頭上一拂。「昨天全不見了。但坐這椅子上看著生命消失，挺不錯的，歐文，挺不錯。」

這話擊中了我的要害，長久以來，我怕失智更甚於死亡。但如今，傑瑞．法朗克的話「挺不錯的，歐文」卻令我驚訝動容。老導師又說：「歐文，人之為人，只此一生，享受此一令人驚嘆的『清醒』現象，別把自己陷在過去的悔恨裡！」他的話語充滿力量，使我對痴呆的恐懼大為緩解。

《凝視太陽》的另一段文字也有幫助。在題名〈愛的幸福〉（Love Bliss）那一節中，談到一種單純的情感，縱然只是一時的，所有的憂慮卻都因之一掃而空。君不見，焦躁不安的孩子爬到母親膝上，一切的擔心害怕便都煙消雲散。在我看來，這種情形就是「孤獨的『我』融入了『我們』」，孤獨之痛乃為之化解。這正是我的寫照。幾近一生，與瑪莉蓮相愛相戀，毫無疑問地，孤獨、寂寞云云，與我無緣，我今日之痛，絕大部分緣於預設的孤獨之痛。

想到瑪莉蓮死後的日子，偌大的家裡，空空蕩蕩，獨我一人。縱使有許多朋友及兒女、孫兒女，甚至還有一個曾孫，以及關心的好鄰居，但他們畢竟缺少瑪莉蓮的魅力。長日漫漫，孓然一身，斯可忍孰不可忍。轉念，傑瑞・法朗克的話語浮現：「坐這椅子上看著生命消失，挺不錯的，歐文。」心下釋然。

10 考慮醫助自殺

八月

到史丹佛接受第三次免疫球蛋白治療。從上午十一點至下午五點，歐文一直陪著，中間兩個鐘頭的吃飯休息時間，則有好友葳達相伴。生病期間，葳達對我照顧有加，常來探望，帶來易於消化的美食，今天是雞肉、米飯及胡蘿蔔。

奇怪的是，這一天在醫院裡反倒是這個星期中最好過的，該來的副作用都沒出現。醫護人員親切、專業、有效率。躺在舒適的床上注射點滴，藥劑緩緩流入體內。離開時，神清氣爽，多半要歸功於靜脈注射前施打的類固醇。

離開醫院時想到，整整五十年前，在醫院的另一翼，我們的么兒班恩出生，心裡不禁歡喜。明天，班恩和媳婦將帶著三個孩子來跟我們歡度五十歲生日。在歐文及我的書房，我們已經加了床鋪。為了不讓自己在孫兒們眼裡落得個垂死老太婆的形象，我得打起精神才行。

班恩一家跟我們共度週末。星期六，在附近公園為班恩辦生日派對，請柬雖然一個星期前才發出，他的朋友多數都已蒞臨，少數幾個是他的小學同學，其他多是中學及大學同窗，還有雪樂山夏令營的隊友。看到這些「大男生」——如今已是中年男人，帶著妻子及孩子，從稚齡到十來歲的都有，打從心裡高興。班恩一向人緣好，看到他與朋友們始終意氣相投，心裡覺得歡喜。

當然，最大的樂趣還是和孫兒女相聚，亞德里安六歲，瑪雅三歲，帕洛瑪一歲。小女孩們可愛的不得了，亞得里安不鬧脾氣時尤其迷人。這娃兒特別漂亮——也不知是好還是不好——繼承了母親水汪汪的藍眼、金髮及天使般的臉蛋，可是一使起性子來，還真是個魔鬼。令我驚訝的是，他父母親對他卻極有耐性，深信不疑精神醫學的箴言，說什麼調皮搗蛋長大就會好了。他們要離開之前，亞德里安親我道別，說：「我感恩節再來看您。」我心底卻在想，感恩節，我不知會是個什麼樣子了。到時候，只怕自己不在了。

或許是在班恩生日派對上我放肆自己吃東西，他們離去那天，老病魔又找了上來，上吐下瀉不止，痛苦難當，真希望自己平平靜靜就此走掉，不要再受更多折磨。儘管捨不得自己的所愛，卻也顧不得了。

靠著服用藥物，抗吐止瀉，身體狀況總算穩定下來，但恐懼卻糾纏不休，甚至連小睡都做噩夢。夢中，和一位同事講電話，現實生活中，她曾數次乳癌復發。電話中，我們談著一個我和她合作的案子，我要在電腦上調出相關的檔案，但點進桌上型電腦時，檔案沒出現，跑出來的卻是震耳欲聾的聲音，我根本聽不清楚電話那頭同事的聲音。噪音越來越大，卻又切不掉。驚慌之餘，拔掉電腦線，但仍然無效。噪音彷彿來自四面八方。我跑遍整個家，拔掉所有插頭，邊跑還邊喊：「救我，救我，幫我拔掉插頭！」

我馬上找我的精神科醫師丈夫分析這個夢，結論是我想要結束痛苦的生命。

歐文又帶我去醫院做每週一次的免疫球蛋白注射。一切進行順利，還因為治療前服用了苯海拉明（Benadryl），睡了一個好覺。醒來，歐文坐旁邊，問我覺得如何。要是平常，我都會說「很好」或「還不錯」，免得他為我操心。但今天，想到

明天要和M醫師見面，我決定講心裡話。

「好吧，如果你要聽真話，老實說，為了活下去所付出的代價太大，我覺得夠久了。九個月的化療，現在的免疫球蛋白治療，身體所受的傷害已經把我整得不成人形了。每天早上醒來，每次小睡之後，我連起身都嫌麻煩。到底還要我活多久才要讓我一死了之？」

「但有的時候，妳還挺開心——譬如我們坐在院子裡，手握著手，或晚上一起看電視的時候。」

「開心……**言過其實了**。如果我不是胃真的很難受，我承受得了自己的身體狀況，我自會開開心心跟你在一起。我現在還活著，完全是為了你。你知道的，第一次診斷出多發性骨髓瘤時，醫師笑著對我說，生這種病，無論化療及或其他療法，反應如果是正面的，可以存活許多年。他們沒說我會死掉，也沒說治療會對我的身體造成永久性的損傷。漸漸地，我明白了，我不可能回復原樣了——日子一天天過去，只有說不出的痛苦，身子退化、衰弱。如果我能把你放到我身體裡面，你就會明白了。」

歐文沉默良久，不以為然地說：「妳還活著，有什麼不好呢？等妳走了，不就什麼都沒了？我還沒準備讓妳走呢。」

「歐文，過去九個月來，我認為自己已經接受了死亡。畢竟，我八十七歲了，而且擁有美滿的人生。若我是四十、五十或六十歲，那就是悲劇了，但如今對我來說，死亡已經是無可避免的現實。無論我是在三個月或更久一些死掉，我可以接受這一切。當然，因此而離開了自己的所愛，特別是你，我會感到難過。」

歐文寫的東西裡面，有兩個觀點影響了我現在對死亡的看法。其一，是關於人生有憾的。我是一個幸運的人，可以死而無憾，所以面對死亡時也就輕鬆些。說真的，對於歐文、孩子、朋友、史丹佛的醫師，乃至於使我最後的日子盡可能過得舒坦些的物質環境，我都只有感激，別無其他了。

歐文寫的東西裡，第二個始終在我腦海盤旋不去的是尼采的話：「死得其時」。這正是我此刻最計較於心的。什麼時候死才算死得其時呢？如果延長生命只是繼續承受那麼巨大的身體折磨，有意義嗎？如果M醫師告訴我，免疫球蛋白治療無效，建議我再做其他治療，我會怎樣呢？此刻，我會這樣回應：我會選擇請安寧療護醫師接手，幫助我盡量無有痛苦地死去，我會要求醫助自殺。

在我看來，生或死，基本上，操之在我，總覺得「死得其時」不該是未來幾個月或幾年，而就是眼前，寧願早些，不要太遲。我甚至已經開始把東西送出去。孫女莉莉上次來，我送她一樣鍾愛的東西：一頁中世紀手稿，巴黎求學時在碼頭買的。一件很特別的外套，艾蘭娜許久以前就說喜歡，便給了她。送給阿妮莎的則是一條鑲碎鑽的銀項鍊，她戴起來真好看。

但事情畢竟沒有那麼簡單，自己最疼愛的人，到底是捨不得。最近看到班恩的幾個小傢伙，覺得他們都長得好，感到放心。但話又說回來，對於他們或家裡任何人，我大可不必擔太多心——唯一放不下的只有歐文。當然，許多事情都還要看M醫師是怎麼說的，但我知道，我會叫歐文不要給我太大壓力，說什麼只要活下去，任何代價都是值得的。

11 倒數計時星期四

九月

每個星期三，醫院漫長的幾個小時，陪在瑪莉蓮床邊，希望她忍受得了靜脈注射。令我驚喜的是，她對藥物沒有明顯的負面反應，我們的星期三始終都很平安。每個星期三一到中心，瑪莉蓮先抽血，等一個小時的檢驗結果出來，決定當天的藥劑劑量。然後，在一個安靜的小房間裡，注射一開始，瑪莉蓮很快就沉沉睡去。我坐她旁邊，四至六個小時，看看報紙，用筆電回覆電郵，在iPad上讀小說（湯瑪斯・哈代的《黛絲姑娘》〔*Tess of the d'Urbervilles*〕，看得入神，時間飛快過去）。

這個星期三，決定在瑪莉蓮熟睡時去雷恩醫學圖書館（Lane Medical

Library），去看些新出版的精神醫學期刊——說起來還真汗顏，太久沒有碰這些東西了。記得在史丹佛精神醫學系服務期間，有四十年的時間，在雷恩圖書館裡不知度過了多少個鐘頭。寬大的期刊閱覽室，陳列無數最新一期的醫學期刊，許多醫學生、住院醫師及教師埋首其中，回想起來都覺得欣慰。

聽人說，走路穿過醫院至圖書館，短短十分鐘可達。雷恩圖書館在史丹佛醫學院，與史丹佛醫院緊緊相鄰。經照護瑪莉蓮的護理師指點，循著方向我優哉游哉逛了出去。但醫院完全不是以前的樣子了，我很快就失去了方向，問了幾次路，總算碰到一個穿戴徽章的人，可憐我這個老頭拄著枴杖在醫院的堂弄裡跌跌撞撞，親自帶路領我前往圖書館。縱使如此，每個病房都有管制，我們必須停下來向保全人員出示工作證。

到了圖書館，出示身分證明，滿懷歡喜只望重回睽違已久的閱覽室。但事與願違：**閱覽室沒有了**。

放眼望去，只見一排排桌子坐了滿滿的人，兩眼盯著電腦。我想找圖書管理員。以前，這裡多的是管理員，協助圖書館使用者，但現在卻連一個都不見——後來，總算看到了一位婦人，貌似員工，一臉嚴肅，坐在遠遠的角落，埋首電腦。

走過去向她請教：「請問閱覽室在哪兒？我上次來——啊，不好意思，很久以前了——這一整層大部分都是，會陳列最新出版的期刊，多達數十種，我要找新出的精神醫學期刊。」

只見她一臉迷惑，瞪著我，彷彿我是來自另一個世紀的怪物（誰說不是呢？）「紙本期刊？這裡沒有，全都在網路上。」

「妳的意思是說，這整個醫學圖書館，新出的精神醫學期刊，連一張紙本的都沒有？」

一張困惑的臉皺成一團，她回答道：「我好像在下一層樓看到過。」然後，整個人又回到電腦上去。

晃到樓下，放眼望去，仍然只見趴在電腦螢幕上的人，別無其他。但不管怎麼說，我看見了成疊堆積的老舊期刊在房間後面。找到了放置《美國精神醫學會期刊》的地方，但書架排得太密，根本進不去通道中。沒幾分鐘，「啊哈」，有了重大發現，書架是可以移動的。我使盡吃奶的力氣將書架往後推，挪出足夠進入狹窄通道的空間，開始在成疊的精神醫學期刊中尋找。就在這時，不祥的聲音響起，是書架在滾動。這才想起進來時看到（但沒在意）一塊大牌子，上面寫著：**注意安**

全，請鎖輪子。

突然間，我搞懂了那塊牌子的意思，明白自己有可能會被壓垮，必須迅速離開。三步併兩步，出了重圍——感謝另一位好心的醫院嚮導，回到瑪莉蓮身邊，再也不敢遠離她床鋪。

星期三，除了藥劑之外，瑪莉蓮也服用類固醇，幫助她熬過每週的注射，並讓她在接下去四十八小時好過些。但到了星期五，定然會出現不舒服的症狀，包括嘔吐、腹瀉、發抖及巨大的疲憊。四個星期的治療度日如年，我全副心思都在她身上，掛慮著即將要和腫瘤科醫師的會面。她的狀況每日不同。有一次，剛從賣場購物回來，就聽到她在客廳躺臥的沙發上喊我。看得出來她在發抖，需要暖毯，我馬上取來。兩個小時後，她覺得好些了，吃了點平常晚餐的食物，雞湯及蘋果汁。

隨著星期四回診日的接近，我愈加不能確定M醫師是怎麼說的。記得她說至少有三分之一的病人受不了這種新療法。當然，好消息是瑪莉蓮過了這一關。還有，若記得沒錯，M醫師說，另外三分之二病人的結果都是正面的。但那沒有過的三分之一會怎麼樣呢？她說這些是在表示什麼嗎？是不是暗示沒有其他的療法了？我記得，由於瑪莉蓮在場，我沒有問這個問題。

到星期二晚上，回診的前兩天，我的焦慮增強。打電話給女兒伊娃及同事好友醫學博士大衛．史皮格爾，他們倆都參加了上次與M醫師的會面，問他們記不記得當時的討論。她們都**不記得**M醫師說過這種療法如果失敗就沒有別的選擇了，但卻都記得瑪莉蓮打斷M醫師的話，說她不會再做其他治療，寧願尋求安寧療護。

歷經整個煎熬，瑪莉蓮外表依然平靜，比我平靜得多，經常安慰我，減輕我對她生病的擔憂，卻又一而再地提起醫助自殺。在我看來，**只要還有可行的治療，就沒有理由要求醫助自殺**，卻又不想以此深責於她。她自己終會明白的。我只是不斷提醒她，她仍然擁有那麼多美好的時光。晚上和孫女蕾諾兒一起，用電視應用軟體找一部好日本片的樂趣。或我們就只是手握著手的美好時刻。「想想這些時光。」我對她說：「想想看，我們還擁有這樣清明的心思，何等幸福，我珍惜這每一刻；所有這些都一去不回了。妳怎能還把它丟開呢？」

「你沒有聽懂我的意思。」她回道：「心思清明的可貴我當然明白，但我卻無法讓你體會我的日子有多麼難熬。這你是感受不到的。若不是因為你，我早就想法子結束它了。」

我聽進去了。真是如此嗎？

我回想自己覺得極度痛苦的那些日子。最糟的莫過於十年前了，我們去巴哈馬旅遊回來，某種熱帶感染把我整個人擊倒，一拖好幾個月，看過最好的熱帶醫療專家，但束手無策。暈眩，噁心，臥床好幾個星期。最後，去上健身房，找了一個教練，強迫自己鍛鍊，足足病了六個月才恢復。但在那段期間，我從未想過自殺。我相信自己的病會過去，生命實在太可貴。之後多年，我又害了一陣子的暈眩——很可怕的經歷，但不管怎麼說，我走過來了，已經多年不再暈眩。但話又說回來，拿自己的病跟她比，這也說不過去。瑪莉蓮或許是對的，也許我低估了她的痛苦，應該盡量從她的角度去體驗生活。

星期四終於來了——我們與M醫師會面的日子，瑪莉蓮的免疫球蛋白治療是否有效，就看今天了。由於對自己聽話的能力失去信心，我邀請好友大衛．史皮格爾及其夫人海倫．布勞（Helen Blau）同行。會面卻令人失望——部分必要的檢驗室

作業尚未完成。關於瑪莉蓮對治療的反應，應該要告知我們的檢驗室標記有兩項，其中之一堪稱正面，另一項則還沒有做。

我向M醫師提出兩個問題，並表明我對這次會面相當緊張，期待知道免疫球蛋白治療對瑪莉蓮是否有效。我希望今天能有個結果並沒有錯吧？

M醫師說，的確沒有錯，錯在她沒有把檢驗室的研究整理出來，她會立即處理。會面結束後，我們要直接去檢驗室抽取血液樣本，M醫師承諾，明天會打電話給瑪莉蓮告知結果。

「今天，還有最後一個問題。」我說：「如果免疫球蛋白治療無效，還有沒有其他可行的選項？」

「還有幾種可行。」M醫師回答。

望著瑪莉蓮，我注意到她搖了搖頭，儘管很輕微，但我懂她的意思：**算了，到此為止，我不要再接受其他治療**。

會面的最後幾分鐘，瑪莉蓮談起她不懼怕死亡的原因，引用了《凝視太陽》中的句子，包括尼采的名言：「死得其時」。說她一生活得沒有遺憾。聽了她的話，我為她、為她的坦然、為她的堅強感到驕傲。有終身伴侶若此，是何等幸運及福氣。M醫師聞言也為之動容，會面結束時，她擁抱瑪莉蓮，直說她可愛。

連著幾個星期，夢特別多，奇怪的是，卻連一個都記不得。但會面次日，除了睡得極不安穩，做了一個可怕的長夢，卻清楚記得其中片段：我抱著一個大提箱，在一條荒涼的路上招手搭便車。至於前面的經過，好像很不愉快，但說什麼都記不起來。然後，一輛車駛過，一男子招呼我過去，聊了起來，說要載我一程。但事情有些不對勁，他那張臉窮凶惡極。我起了戒心，暗中用手機拍下他的車牌，並用電郵寄給一個熟人。之後我拒絕上車，我們僵在那兒，久久沒說一句話，最後他總算駛離。我記得，最後我獨自一人站在黑暗的路邊，再也沒有車經過，我束手無策，不知何去何從。

越是想要解開這個夢，夢消失得越快。但夢的核心似乎很清楚：我獨自一人，無家可歸，擔憂害怕，人生失落，等待死亡。我向我內心的造夢者致敬。

第二天，星期五，我們沒有接到檢驗室的報告，這表示要等到下星期一了。我的不安使得瑪莉蓮也為之動搖，她記得M醫師說過，檢驗室的結果一出來她就會來電。我跟史皮格爾查證，他記得的和瑪莉蓮一樣。這一來，我對於自己聽話及記事的能力大失信心。

但實在忍不住了，我搬出自己的史丹佛身分在電腦上查看結果，不過沒告訴瑪麗蓮。報告之複雜令人卻步，但就我看來，結果顯示沒有重大變化，心裡很是失望，不過沒把這跟瑪莉蓮說。那天夜裡又睡不好，第二天一早，瑪莉蓮接到M醫師的電郵，告訴她，檢驗室的結果審慎樂觀。她附了一張截圖，顯示有些負面指標在過去幾個星期大量減少。

看不懂檢驗結果，再次提醒我，我的醫師學位落伍了。我這個醫學博士，不過是個頭銜而已，對現代醫學實務或檢驗結果完全不進入情況，再也不敢自以為是了。

12 喜出望外

九月

艾芙瑞・麥迪森（Ivory Madison），一個剛從哥本哈根回來的朋友，她的來訪讓我好生期盼。她為我帶來一些特別的巧克力，丹麥獨有的特產。我們是在我主持多年的女性文學聯誼會上認識。學生時期及包括作家朋友的暑期聯誼會，她都是固定成員。

艾芙瑞幫歐文和我打開盒子，咬一口榛果巧克力，真是療癒。得與這位婦人重逢，何等美好。記憶中，可以遠溯到她懷第一胎的時候，如今孩子都九歲了。艾芙瑞經營一家小出版社，在網路上出書，並視需求出版紙本（她就出版了我的絕版書《身不由己的見證》，有關女性的法國革命回憶，使該書得以重生，並用於中學的歷史課程，甚至還有版稅！）

艾芙瑞告訴我，她有一些新計畫，有助於挹注她的出版事業，正說著，門鈴響了。還沒有人來得及去開門，門開了，一張熟面孔出現，然後又一張，又一張，最後，來了二十名聯誼會成員，把客廳擠得滿滿的！我真是喜出望外！艾芙瑞是怎麼辦到的？居然把我完全蒙在鼓裡。

談起來才知道，我因健康停掉聯誼會之後，她就一直在籌備，聯繫了好幾個月。這次聚會象徵性地替代通常在帕羅奧圖我家舉辦的聯誼會夏末活動。但這還不是全部。

艾芙瑞遞給我一本設計漂亮的書，書名《給瑪莉蓮的信》（*Letters to Marilyn*）。製作這本書連同召集這次聯誼會，艾芙瑞顯然費了極大的心力。書中三十封信，均為聯誼會成員執筆，其中有些人今日未能出席。隨手翻開書，立刻感受到這些女人們把我對她們人生的影響看得極為重大。有一位起首就說：「您或許不知道，打從我們相識的那天起，您對我就無比重要。」另一個說：「您為我開啟的世界，大不相同！」另一個：「認識您，何等榮幸，何等福氣！」

這樣的推崇，誰能坦然受之，無愧受之？我實在不敢當。感激之餘，但發自肺腑覺得自己實在擔當不起這樣如湧的美言。幾個月來，已有許多人送來信函、鮮花及食品，對我表達肯定及關懷。但這一群人卻別有意義——一群作家、教授、獨立學者、攝影師及製片人，於我的人生已經超過半個世紀之久。史蒂娜．卡察多里安（Stina Katchadourian），一九六六年我就認識她了，她的信開頭這樣寫道：「朋友、知己、導師、有智慧的女人、筆不離手的女人、永遠的女人、磐石、親若家人、姊妹。」所有這些信函，令我動容垂淚，珍而藏之，一讀再讀。

《給瑪莉蓮的信》為「一刷限量版」，由艾芙瑞．麥迪森主編，艾希莉．殷葛蘭姆（Ashley Ingram）設計。封面是我坐在桌前的照片，攝於三十年前。我私心以為，比這更漂亮的限量版書籍怕是沒有了，為一個生命接近盡頭的人寫一本書，也沒有比這更有意義的了。

一個小時很快過去，我逐一和每個人講話。特別有意義的則是和芭芭拉．巴柏寇克（Barbara Babcock）坐一塊，史丹佛法學教授，她因乳癌正接受化療，也是我的第一個勇者典範。許久以前，我還沒診斷出多發性骨髓瘤，她已經罹病，我們就常在餐廳或她家會面。但自從我開始治療以來，彼此就未再見過。我們聊自己遭遇的煎熬和痛苦，也聊丈夫對我們的愛和支持。

見到邁樂・史特拉博（Myra Strober）也令我開心。一九七六年，她聘我擔任女性研究中心（Center for Research on Women, CROW）高級研究員及主任，之後我們就一直是知心的朋友和同事。若不是邁樂，我的人生後半段就會完全不同。她今天能來尤其令我感動，畢竟幾個星期前她才動過髖部手術，先生又罹患嚴重帕金森氏症。

這兩位女士，芭芭拉及邁樂，各有成就，分別是一九七二年史丹佛法學院（芭芭拉）及史丹佛商學院（邁樂）聘請的第一位女性。漫長的學術生涯中，兩人指導過許多女性，各寫過一本自傳，暢談自己的人生及專業經驗。

梅格・克雷頓（Meg Clayton）也是熟面孔。我請她跟我們談談她的歷史小說《開往倫敦的末班列車》（*The Last Train to London*）。這書剛在英國出版就已經簽約翻譯成十九種語文！特別感到榮幸的是，過去幾年我親眼見證了梅格成功轉型成為一位重要作家。在她的信中，梅格引述了珍妮・肯揚（Jane Kenyon）的〈讓黑夜降臨〉（Let Evening Come），數年前，就在我們此刻坐的同一間客廳裡，約翰・費爾斯帝勒（John Felstiner）還朗讀過這首詩。這裡我摘錄一段，還滿適合我現在的情況：

讓狐狸回歸塵土的巢穴。
讓風歇止。讓棚屋內
歸於黑暗。讓黑夜降臨。

讓黑夜降臨
溝壑裡的瓶子，燕麥的
勺子，肺裡的空氣。

讓它來吧，它來時，不要
害怕。上帝不會把我們丟進
痛苦，因此，讓黑夜降臨吧。

大家散去之後，獨坐許久，想著今天那潮湧的愛。我真的有如朋友們說的那樣體貼大方嗎？若真是這樣，那一定是遺傳了母親的個性，她是我所知道最善良、最體貼的人。母親對每個人都體貼入微。縱使年紀已經八十好幾了，每次要上商店，她一定會按公寓鄰居的門鈴，問他們需不需她幫忙帶些什麼回來。後來，我們安排她住帕羅奧圖鄰近我們的一間安養之家，她總是會準備好甜點給來看她的兒孫。從小她就教我樂善合群，「寧為施者，不為受者」。教我凡事必先自問，自己的言語行為會給別人帶來什麼感受。當然，她的身教我並沒有完全做到。還記得，有時候我總是不經意、甚至故意自私地占別人便宜。幸運的是，朋友們今天只看我好的一面。

然而，這種凡事往好處想的樂觀，多少還是會有些灰暗的念頭閃過：這類美言，多半是因為我的病及有感於將不久於人世而激發出來的吧。或許，這是我和這些人最後一次見面了。她們此番前來是在向我「告別」嗎？啊，縱使是這樣，我欣然接受。這還真是美好的一天，是我餘生中值得珍惜的一天，無論是長是短。

13 現在你知道了

十月

上次和M醫師見面，她告訴我們，最後檢驗室的某些結果顯示瑪莉蓮在進步中。從此以後，我們的日子有了重大的改變。總算又把瑪莉蓮還給我了。她不會不久於人世了——今天，我甚至認為她有可能會活得比我久。雖然她老了，可是我把她要回來了，我們還真的過了些快活日子。

一如往常，星期三她去醫院注射，我會陪著她好幾個小時。總有個一或兩天，她比較有精神，更像是她自己。通常，星期四她都覺得不錯。但這個星期卻不同，心情格外地好，是我所熟悉的生病前的她，是我睽違了許久的瑪莉蓮。

星期五，化療注射之後兩天，她仍然感覺不錯，還有心情上館子。自從幾個月前生病以來，這或許是僅有的第三次出外用餐。我們選的是平日信得過的餐館，富貴壽司（Fuki Sushi），離家只隔著幾條街。這裡菜色實在，譬如燴飯和味噌湯，瑪莉蓮易於消化。過去五十年，我們光顧這裡怕有五百次之多。有一年，還因為是最忠實顧客獲贈一組牛排刀。

第二天，星期六早晨，瑪莉蓮醒來，笑得燦爛。「我做了一個夢，栩栩如生，是這幾個月來，或許是幾年來，最古怪的夢。

「我在小時候華盛頓特區的家，跟一個我看不見他長相的男子一起偷溜進我的房間。我們上床，開始做愛，但他卻尿尿在床上。我不得不把床單換掉，然後下樓喝杯茶。再上樓時，聽到媽媽的房間那邊傳來聲響，我敲敲門，推開一條門縫，你猜看到誰，是我們的兒子班恩，一絲不掛，坐在媽媽床上，一臉傻笑。

「媽媽看著我說：『所以，現在妳知道了！』」

「我回道：『我房間也有一個人。現在妳知道了。』」

我們兩個都笑這夢實在荒謬，但都不得其解。瑪莉蓮夢到年輕的自己，在小時候的家和一個不知是誰的男人發生關係，一個尿失禁的男人尿在她的床上，是老男人才會做的行為。接下來的狀況也怪誕好笑，她的母親，一位迷人可愛的婦人，卻和我們成年的兒子班恩上床。

亂倫、時間旅行、荒謬可笑、人生不同階段、抗拒老年——一應俱全！

當天晚些時候，瑪莉蓮跟我說，她認為這個夢是因為她看到班恩坐在床上和我聊天所引發的。當時他臉上的笑容就和夢裡同一個樣子。很自然地，我們聯想到了佛洛伊德母子亂倫的伊底帕斯情結，在夢中，瑪莉蓮以她媽媽的樣子出現。至於那個年老的情人，有可能是我，只不過我還沒尿失禁而已。

一整天下來，瑪莉蓮精神奕奕，我的心境也隨著好起來：瑪莉蓮又回來了！但是，唉呀，好景不常：第二天下午，她又開始嘔吐，疲憊不堪，甚至無法從沙發上起身。她前一天的突然好轉完全無法理解，我又陷入無助，只能對她說，我真的希望能夠替她生病，替她嘔吐及疲憊。

這樣的時好時壞，起伏不斷。第二天，她的精神又好起來，似乎大有改善。瑪莉蓮的病使得其他一切事情都變得不重要了，我也就利用這段時間思考自己的人生。同輩中人，所剩無幾，所有的好友、老友及相識俱皆作古，瑪莉蓮之外，舊識之中僅有兩人尚在人世。其中之一是我的堂表傑伊，小我三歲，我是看著他出生的，住華盛頓特區，每星期我們至少通四、五次電話，但都無法再做長途旅行，看來要再見到他的人是不可能了。另一個每週通電話的是掃羅．史比羅（Saul Spiro），我們同時在約翰．霍普金斯擔任住院醫師，現住華盛頓州，但病得無法出門。就在昨天，在《史丹佛通訊》上讀到史丹利．施里爾（Stenley Schrier）的死訊。他是我們的老朋友、老鄰居，推薦M醫師給我們的就是這位史丹佛血液學教授。從訃聞得知，他享年九十，長我兩歲。兩歲——看來正好，我大概也再活個兩年。但若瑪莉蓮不在，我也不想活那麼久了。

我這個退休的人，已放下自己鍾愛的工作，卻又極端懷念治療師的業務。不做治療師才不過幾個月，儘管每星期仍然看三、四個病人，都是一次性的諮商。但治療師生涯畢竟不再，始終令我難以釋懷。我懷念治療過程中的那種深度契合。如今，除了瑪莉蓮，再也沒有人會邀我進入他們最深沉、最幽暗的內心世界了。

正琢磨著自己這種深沉的失落感時，一位病人的容貌在心裡浮現。會想到這個人，說也奇怪：我只看過她一次，而且是許多年之前的事了。但就在兩個星期前，瀏覽一些未曾發表的舊時文章，不經意地讀到了一篇有關她的故事：

> 那天是我六十五歲生日。菲莉絲，一位面色沉鬱但氣質不俗的老婦人，來到

辦公室。一看就知道她心情極不舒暢，只見她像隻鳥一樣棲在椅子邊緣，彷彿隨時都要振翅而起。

「歡迎，菲莉絲。我是歐文．亞隆。我看過妳的電郵，知道妳睡眠不好，常常焦慮。我們這就開始，好嗎？請說來聽聽。」

但她太過於緊張，無法馬上進入情況。「請給我一、兩分鐘；我不常談我自己，內心的自己。」她掃視我的辦公室，眼睛落在牆上一張照片上——紐約洋基棒球隊球員喬伊．狄馬喬（Joe DiMaggio）的親筆簽名照。

「他是我童年的偶像之一。」我解釋說。

菲莉絲笑開了嘴。「喬伊．狄馬喬——我知道他，我是說，還滿瞭解的。我在舊金山北灘長大，離他住的地方不遠，他和瑪麗蓮．夢露結婚的教堂離我們只有幾條街的距離。」

「沒錯，我也常去北灘，常到狄馬喬的餐廳吃飯——應該是多明尼克，他兄弟的餐廳。今天改名叫『狄馬喬本店』了。妳看過他比賽？」

「只在電視上。我喜歡看他跑壘。真是漂亮。有兩次在遊艇碼頭區看到他閒晃。他現在就住那裡。」

眼看她漸漸坐回椅子裡面，看起來比較放鬆了，我認為進入正題的時間到了。「現在，談談妳自己，菲莉絲，告訴我，今天是什麼風把妳吹到我這裡來的。」

「好吧，我八十三歲了，做了大半輩子麻醉護理師。退休幾年了，獨自生活，從未結婚。孤獨寂寞，您八成是這樣想的。除了一個不親的同父異母兄弟，沒有其他家人，飽受失眠及焦慮之苦。」她微笑看著我，嘴唇微顫，對於跑來麻煩我好像十分過意不去。

「我明白，公開談自己本來就不容易，菲莉絲，我猜妳這是第一次找治療師談吧？」

她點頭。

「告訴我，為什麼今天卻來了？是什麼讓妳決定今天來看我的？」

「也沒什麼特別的。就只是我情況不斷惡化，尤其是失眠和寂寞。」

「為什麼找的是我呢？」

「我讀過您很多書。覺得您可以信任。最近的一本是《診療椅上的謊言》。感覺起來您似乎很隨和，人很和氣，不那麼一板一眼。最重要的是，我覺得您不說教。」

看得出來，她心裡承受著極大的罪惡感。我保持聲音的柔和，說道：「沒錯，我不說教。我將心比心，在這裡，我是要幫助妳的。」

菲莉絲整個人放鬆，開始敘述自己創傷的青春。三歲時，父親消失無蹤，從此毫無音訊，母親也絕口不提他。至於母親，一個狠心、冷酷、自戀的女人，帶許多男人回家，當其中一個想要侵犯她時，她逃家出走，時年十五，她下海賣淫，跟好幾個男人生活。然後，奇蹟似地，她努力讀完高中、專科及護理學院，做了一輩子的麻醉護理師。

靠回椅背上，深呼吸兩下，她繼續說道：「就這樣，總的來說，這就是我的一生。現在，說到重點了。幾年前，妹妹聯絡我，告訴我母親肺癌末期，在安養院昏迷中。『她快要死了。』記得她跟我說。『我陪了她三個晚上，精疲力竭。拜託，菲莉絲，今晚可以來陪她嗎？她已經沒有意識——妳無需跟她講話。』」

「我同意了——妹妹和我幾年前恢復聯絡，甚至每一、兩個月會一起吃個飯。我接受了她的要求，但那是為了妹妹，不是為了母親。我跟母親已經幾十年沒見面，而且如我跟你說的，我根本不在乎她，我同意陪她一個晚上，只是要讓妹妹休息。大約凌晨三點——我記得很清楚，好像就是昨天的事——母親的呼吸開始不規則，呼嚕有聲，嘴裡冒出肺水腫形成的氣泡。我看過這種情形的病人太多了，知道她只剩下最後一口氣，確定她隨時會斷氣。」

菲莉絲垂著頭，停了幾秒鐘，然後，抬起頭看著我，喃喃說道：「我必須找個人說出來才行——我可以信任您嗎？」

我點頭。

「我關掉了氧氣……關掉，在她嚥下最後一口氣之前。」好一陣子，我們沉默相對。然後，她說：「是可憐還是報復？我一直問我自己。」

「或許都有一點吧。」我說。「或許是該把事情說出來的時候了。這麼多年來，妳把這一切封閉在自己心裡，對妳來說，一定夠煎熬的。如果最後非得找個人把事情說出來，對妳來說，又是什麼感覺呢？」

「太可怕了，我甚至連談都不敢談。」

「再怎麼樣都要面對。感謝妳信任我，分享這個燙手的祕密。還有什麼要說的嗎？有沒有什麼要問我的？某些我也許能夠使妳放鬆，對妳有些幫助的？」

「我要說的是，我沒有殺人。我跟許多病人度過最後的時刻。許多許多。她那時只剩下一口氣，頂多兩口。」

「妳且聽我說，我是這樣想的……」

菲莉絲兩眼緊緊盯住我——彷彿她的命就全靠我接下去要說的了。

「我在想那個小女孩，那個無助的、飽受欺凌的弱女孩，那個隨別人的要求及一時興起擺布的年輕女孩。妳成為目睹母親最後時刻的人，完全不由自主，真是命定的悲劇。在那種情況下，妳展現妳的力量，完全可以理解。」

一小時的諮商雖然還剩下二十分鐘，菲莉絲收拾好自己的東西，站起來把支票放桌上，不出聲地說句「謝謝您」，然後離去。從此未再出現或聯絡。

那麼多年前的一次邂逅，卻傳達了我此後一生都懷念的感覺：參與、被信任、分享別人深沉幽暗的時刻。最重要的是，有機會幫助別人。多年來，這一直都是我的人生道路。我珍惜並懷念這次的經驗。相對於那種無所作為，受人照顧的生活——一種在前面等待我的生活，其差別真是何等巨大。

瑪莉蓮問我，我有那麼多的筆記，為什麼獨獨看中這個故事。我給的答案也是一樣：它代表的是一次交心的接觸，是我再也無法與我的病人分享的經驗。她卻說，這或許也和生命終結的問題相關，時候到了，最後有人會來拔掉插頭。她說的，或許是對的。

14 死刑

十月

M醫師昨日來電告知，沒有必要再繼續做免疫球蛋白治療了。最新的檢驗室結果指出，治療沒有效果，奇怪的是，我反倒覺得解脫了。打從年初起施打各種藥物帶來的毒性後遺症總算可以免除了。這個星期的情況比往常更糟，我不斷自問：「以這樣的代價延長生命，值得嗎？」

當然，如果任病情自然發展，會帶來什麼痛苦我無法預知。接受緩解藥物的人向我保證，它們可以搞定一切，緩解所有折磨，但到時候會是什麼情況，我連想都懶得去想。事到如今，默想死亡，足矣。

八十七歲，死已經不是悲劇，特別是想到那些更年輕就死去的人時。這個星期，記者蔻吉・羅伯茲（Cokie Roberts）去世，享年七十五。我對她別有一種親切感，我們都是衛斯理傑出校友獎得獎人。在學院一座莊嚴的禮堂中，我的相片和許多出名的校友並列，諸如希拉蕊・克林頓（Hillary Clinton）、瑪德琳・歐布萊特（Madeleine Albright）。想到自己曾經在過去兩個世代中身為女權運動的一員，我與有榮焉。那才是我的時代。我死之後，未來會如何，已經非我所能掌握。

死亡，我思之已久，其來，當不致驚嚇。如今，孩子們都已獲悉消息，他們的愛，我心滿滿。里德和媳婦羅莉妲娜週末來陪我們，做了一大鍋雞湯及糖漬蘋果。伊娃從柏克萊趕來，陪著我們消化壞消息。維克多將和我們共度明晚，班恩則會在這個星期稍後過來。

如果還可以的話，我將和歐文及伊娃一同去舊金山參加班恩的演出《好漢戴奧尼索斯》（*Dionysus Was Such a Nice Man*）。不管怎麼說，班恩經營他的劇團已經進入二十一季，《舊金山紀事報》的評論好的不得了，我為他感到歡喜，雖然真心想去看他的戲，但還得看我的氣力及狀況才行。我給自己訂的新規矩是：一切以自己及自己的需要為重。這個時候，世間的其他事只能任其自顧了。

當然，我還是擔心歐文。他照顧我好幾個月，我還真怕他把自己給累垮。他的健康問題更重於我的，且需要所能得到的一切幫助。我們的朋友瑪莉，在丈夫過世前照顧他三年，就跟我說過照顧病人的辛苦。她還能參加一個有著同樣問題的照護者團體，合群體之力彼此分擔。即使到了今天，丈夫去世已兩年，她仍然和那些婦人定期聚會。

歐文就不可能利用這類支持團體，更何況以瑪莉的例子來說，照護者都是女性。過去許多年來，歐文每星期都和一群精神科醫師定期聚會，談他們的個人問題，我相信這對他是有幫助的。理智上，他雖然知道我來日不多，但仍然多少有些抗拒。當我說我懷疑自己聖誕節還在不在時，他一副不以為然的神情看著我——當然，到時候一定還是妳主理家庭聚會的一切。要跟他談我的來日不多呢？還是由著他抗拒？究竟何者為好，我還真不知道。

講到死亡，嚇不到我。我不相信死後除了「回歸天地」之外還另有生命。我倒是能接受死後我就不再存在的說法。身體終將分解成為塵土。二十年前，母親去世，葬在從我家走路就可以到的阿爾塔梅薩墓園。當時，我們在她的附近也為自己

買了兩塊墓地。由於常去墓園，因而興起了與兒子里德合作《美國人的安息之地》一書的構想，對土葬及火葬開啟了一個全新的視角。

今天在美國，火葬已經更盛於傳統的土葬，生態的考量也越來越受到重視。譬如在華盛頓州，有人土葬卻是將遺體化作堆肥。在加州，有一家新創公司買下整座森林，把遺體當成一棵樹的肥料。我喜歡的是放在簡單的棺木中，只要穿過我們四個孩子讀的那所中學之後，葬在從我家走路就可以到的地方。有朝一日，他們來上墳的時候，將會充滿兒時回憶。

覺得自己的人生即將走到盡頭，我又該如何跟朋友們告別呢？生病的時候，那麼多人關心我，我不希望連聲招呼都不打就消失，我要讓他們知道他們對我有多麼重要。打電話道別，耗費心力。寫封信倒是有意義得多，但我還有時間及精力寫給每個人嗎？艾蘭娜．柴曼（Elana Zaiman）在她的《永遠的書信》（*The Forever Letter*）一書中說，猶太人有個傳統，人都要給自己心愛的人寫一封遺書，表達自己對那個人的感情，以及想要傳達的智慧，那怕只是一點點。我的人生智慧，無論如何難登大雅，也無法付諸一封短信。但我希望至少能夠不負自己的期望：總要死得盡量少讓別人……也少讓自己痛苦。

向朋友道別的方式，我屬意於下午稍晚時分的一杯清茶。我已經開始見了幾位知心朋友，也安排未來幾個星期見其他人。過去幾個月，日子過得辛苦，那些使我日子得以充實、使我獲得滋養的朋友，我都希望有時間一一和他們話別。

我若還有事情想做，就得趕緊行動才行，這我明白，卻不免覺得怪怪的。我想到的是，我應該為每個孩子準備一個盒子，裡面放些他們或他們的子孫未來會感興趣的物件。我想像，盒子塞在某個人的閣樓裡，有朝一日被後世子孫翻了出來，到時候，歐文和我只是他們族譜裡的一個名字。當他們發現一個物件是「歐文的高中團體徽章，於一九四八年送給瑪莉蓮」時，他們會怎麼想？當他們翻出一本我們結婚十五周年的相簿時，他們會喜歡嗎？有一本剪貼簿，裡面是我的書《乳房的歷史》一九九七年出版時的各家書評，是不是也該放進去呢？

所有陪伴了我一生的書籍、文章及物件，對我的孩子及孫輩並沒有什麼意義，這我明白，卻覺得難以理解。事實上，這類物件對他們可能都只是負擔而已。我心裡清楚，最好的處理方式莫過於將之當成「一般物品」就此清掉。

歐文和我最後一次去看M醫師，我向她提出兩個問題：估計我還可以活多久，以及我們如何著手醫助自殺的事？

第一個問題，她的回答是：「誰都無法確定，但我估計兩個月左右吧。」

這還真讓我嚇了一跳。我指望更長一些。這樣的時間，只夠我和我所有的朋友再見一次面，以及實現我給每個孩子準備一個放置有意義物件的盒子的想法。

幸好，我已經為所有的孩子及他們的兒孫安排了一項「慶祝活動」，時間就在兩個星期內。慶祝活動最初是為了兒子維克多的六十歲生日，再加上家裡其他三個十月份生日的人——三個媳婦，瑪莉-海倫娜、阿妮莎及羅莉妲娜。現在則由我為這事定調，名之為：「四個生日和一場喪禮」（Four Birthdays and a Funeral）。模仿一部相同名字的電影，有點滑稽卻不失幽默。

至於醫助自殺，需要由兩位醫師簽核，其判斷準則是病人接近死亡，治癒無望。我相信，在我生命的最後幾個星期，血液科的M醫師及安寧療護的S醫師將會為我簽核。令我驚訝的是，死亡要吞服數量極大的藥丸，而不是用注射或一粒藥丸就可以搞定。

儘管如此，到目前為止，我的心情相對平靜。經歷了多數時間都痛苦不堪的十個月，知道自己的悲慘總算到了盡頭，還真是一種解脫。說起來奇怪，我竟然覺得，我這一生所犯的罪過或錯誤就此都「結清」了。我覺得，自己死前肉體已經承受了足夠的痛苦，宗教上死後審判及懲罰或獎賞的說法已經落實在我現實的苦難中了。至於在我最後一次吻別歐文之前，還有什麼在等著我，又有誰知道呢？

15 揮別化療，以及希望

十月

要跟M醫師深入討論結束治療的日子，雖然令我害怕，但終究來了。M醫師依照約定時間準時到達，親切回答了我們許多問題，知無不言，言無不盡。我問，為什麼瑪莉蓮對治療沒有反應？許多我們認識或耳聞的多發性骨髓瘤患者，卻都存活數年、數十年之久。只見她神色沉重回道，罹患這個病的人，為什麼有些治療無效，又或如瑪莉蓮，為什麼會經歷如此毒性的副作用，致使治療無法進行，醫學沒有答案。

然後，瑪莉蓮插進來問到，絲毫不見懼色：「我還有多少日子？您認為我還能活多久？」

我大吃一驚，覺得對M醫師很過意不去，若是與她易地而處，我會不高興的。但她卻絲毫不以為忤，直截了當回道：「誰都沒有辦法正確給出一個答案，但據我估計，大概一、兩個月左右。」

聽她這樣一說，我倒抽一口氣。我們兩個都是。我們一直抱著希望，指望還有三到六個月之久。焦慮使人慌張，真是不可思議。驚嚇之餘，我心大亂，開始懷疑M醫師不常和人做這類的討論。端詳著她，一個好看的人，輕言細語，富同情心。她一定也有日常生活的壓力，真希望能有個人和她談談。我驚訝於自己的心思轉換得那麼快，這完全是出於自我保護：一聽到「一、兩個月」那幾個字，我的注意力立刻轉移到M醫師的日常經驗上去。心思會轉到他處，實在是因為一想到瑪莉蓮可能活不到一個月，我就完全失去了方寸。

瑪莉蓮倒是神色如常，泰然自若。她要接下去談醫助自殺的事，問M醫師是否同意擔任兩位簽核醫師之一。我整個人陷入驚慌，思緒無法連貫，知道她將要吞服大量藥丸死去，使我痛苦莫名。我一直以為只要靜脈注射就行了。對我來說，一次吞服好幾粒藥丸輕而易舉，但瑪莉蓮一次只能費力地、慢慢地吞一粒。到時候，會是什麼樣的情況？我想像自己用臼杵將藥丸磨成粉，調成乳液，然後將之灌入她的嘴裡，但這一切實在太過於沉重，我做不到，腦海一片模糊，無法成形。

我開始飲泣。想到自己一直以來是如何照顧瑪莉蓮的——七十四年前，我們初識，她身高不足一五五公分，體重只有四十五公斤。突然間，腦海浮現一幕景象，我遞給她致命的藥丸，看著她塞進口裡，一粒接著一粒。剛把這可怕的景象從心裡抹除，取而代之的是瑪莉蓮在麥法蘭（McFarland）以及羅斯福（Roosevelt），我們的初中及高中，代表畢業生致詞的影像。我比她高大，比她強壯，我瞭解自然科學的世界，我一直努力想要照顧她，一直想要保護她周全。但如今，卻因為想像自己一粒一粒拿致命的藥丸給她而顫慄。

第二天清晨五點醒來，腦海裡火石電光閃過一個念頭。「你難道還不明白，」我對自己說，「死亡並不在未來：瑪莉蓮**已經**在凋亡。」她吃很少，整個人似乎油盡燈枯，甚至扶著她走五分鐘到門口的信箱都有所不能。她正在凋亡，**此時此刻**——這不是未來式，而是**現在進行式**。我們正置身其中。有的時候，我想像自己是在把藥丸及死亡一起拿給她。我想像我的那些治療師朋友在討論，是不是應該把我送進精神病院，因為，我是一個有自殺風險的人。

16 從緩和照護到安寧病院

十一月

由於已無計可施了，M醫師建議瑪莉蓮做緩和照護，一門完全以緩解痛苦，使病人盡可能舒適的醫療。女兒伊娃陪同瑪莉蓮和我與S醫師做了一次長談。S醫師，親切和藹的緩和照護科主任，準備了瑪莉蓮完整的病歷，幫她做了體檢，並為持續的嘔吐、惱人的皮膚潰瘍及極度疲倦的症狀開立藥方。

對醫師的問題，瑪莉蓮耐著性子回答，但很快就轉到了她心心念念的首要課題：醫助自殺。S醫師溫和婉轉地回答了瑪莉蓮所有的問題，但卻表明她不贊成走這一步。她強調，她的工作是確保病人不要受苦，舒適而沒有痛苦地病逝。

此外，S醫師告訴我們，醫助自殺的程序繁複，需要大量行政作業。她告訴我們，死亡的方式是服用致命的藥丸，必須自己親力親為，也就是說，醫師不得幫助病人服用藥丸。我說，瑪莉蓮吞服藥丸有很大的問題，S醫師表示可以將藥丸磨成粉，和著水喝下去。但她承認自己這方面的經驗很少，只參與過一次病人的輔助自殺。

但不管怎麼說，瑪莉蓮堅持要求她同意擔任簽核醫師。S醫師深深吸一口氣，猶豫後表示同意，卻仍重申她希望不一定要走這一步，接著，又向瑪莉蓮推薦安寧病院，並說醫院人員會定期家訪，確保瑪莉蓮無痛，盡可能保持舒適。她會與附近兩家病院聯絡，院方則會告訴我們他們的服務內容，我們可以選擇。

兩家安寧病院前來家訪的代表都十分專業親切。要選哪一家呢？瑪莉蓮有一位好友的丈夫最近在彌薰安寧病院（Mission Hospice）受到極好的照護，我們便決定選擇彌薰。很快地，病院護理師及社工來家裡拜訪，兩天後，病院的P醫師也來探視，與我們共度一個半小時，令我們印象深刻，獲得極大安慰。在我看來，在我所遇過的醫師中，最體恤、最富同理心的，P醫師就屬其中之一。我默默地希望，有朝一日，在我快要告別人世時，他也能來照護我。

與P醫師談話十五分鐘後，瑪莉蓮忍不住又提起了醫助自殺的問題。P醫師的回答與我們之前遇到的醫師迥然有別。他十分贊同這種想法，但他比較喜歡「醫師參與死亡」的說法。他安慰瑪莉蓮，當適當的時候來到，他自會安頓她的死亡。他向她保證，會陪在她身邊，並為她準備藥液，她可以用吸管吸取，很容易吞嚥。他告訴我們，這種死亡他參與過上百次，只要當病人疼痛難當，又沒有復元的希望時，他衷心贊同這種選擇。

這些話對瑪莉蓮，包括我在內，具有強大的安撫作用，但同時也使她的死亡更為真實。**瑪莉蓮快要死了**。**瑪莉蓮快要死了**。**瑪莉蓮快要死了**。這樣的念頭不斷湧現，我則不斷將之抹除。我拚命否定。我閉上眼睛，不願意也不甘心面對這一切。

幾天之後，我們的兩個孩子，大女兒伊娃和么兒班恩都還未起身，我起了個大早，走到我的辦公室，花兩個小時仔細看完我的團體治療教科書新版的編輯校樣。大約十點半時，回到屋裡，見瑪莉蓮坐桌前，剛用完早餐，邊飲著茶邊看晨報。

「孩子們呢？」我問。沒錯，孩子們！女兒六十四了，兒子五十（另外兩個兒子，一個六十二，一個五十九）。

「噢。」瑪莉蓮平靜地說，語氣淡定：「在和殯儀館的人談事情，安排葬儀，然後會去墓園看看我們墓地。我們將葬在母親旁邊。」

連我自己都沒想到，我竟然哭了出來，淚流滿面好一陣子。瑪莉蓮摟著我，我則拚命想要回復平靜，邊哭邊說：「妳怎麼能說得這樣輕描淡寫？一想到妳就要死了，我就受不了。想到我將活在一個沒有妳的世界，我就無法自處。」

她把我摟得更緊，說：「歐文，別忘了，我活在痛苦和折磨中至今已經十個月，我跟你說過不知多少遍，一**想到我還要這樣活下去，我就受不了**。我歡迎死亡，我歡迎沒有疼痛，沒有嘔吐，沒有化療腦，沒有無盡的疲憊，沒有恐懼。你要體諒我，相信我——我敢說，你若也像我這樣活著那麼多個月，一定會和我有一樣的感受。我現在還活著，完全是為了你。一想到要離開你了，我就覺得無以復加地難受。但，歐文，是時候了。拜託，你得讓我走了。」

這些話我已經聽過不止一次，但或許這是第一次，我把話聽進了心裡。或許這也是第一次，我真正瞭解，如果過去十個月是我自己走過了瑪莉蓮的經歷，我的感受也會完全相同！如果我曾經那樣痛苦地活著，我也會歡迎死亡，一如瑪莉蓮。

一剎那間，就只是一剎那，我自己以前講過的一些醫師之言，串連了起來抗辯道：你大可不必吃苦受罪，我們有嗎啡為你止痛，有類固醇消除你的疲憊，我們有這……有那……但這些話，無非虛應故事，我講不出口。

我們相擁而泣。第一次，瑪莉蓮談起她死後我的生活。「歐文，事情並不會那麼糟。孩子會經常來陪你。朋友三不五時也會來看你。如果你獨自守著這個大房子覺得寂寞，你可以叫葛蘿莉亞，我們的管家，及她先生搬進我的辦公室來住，不收租金，方便你隨時的需要。」

我打斷她：我跟自己發過誓，絕不讓自己沒有瑪莉蓮的生活變成她的心理負擔。摟著她，我告訴她我講過一千次的話，我是多麼愛她，多麼仰慕她，我人生的成功每一分都要歸功於她。

一如往常，她說才不是這樣。她說我有才華，在寫作上創造了那麼多繽紛的天地。「那一切都成之在你，你自己的創造力，我只是幫你釋放了它。」

「我的成功來自於自己的頭腦，我的想像力——沒錯，這我知道，親愛的。但我也清楚，妳為我開啟了創作世界的窗口。如果不是因為妳，我充其量只能和我醫學院那些哥兒們一樣，在華盛頓特區執業。儘管那也不失為一種美好的生活，但我的著作可能就連一本都見不了天日。是妳，引領我進入更高的文學領域，記得嗎？

我只花了三年就完成了大學醫學預科的科學課程。妳是我與經典文學、偉大作品及哲學唯一的聯繫。是妳，拓寬了我狹隘的世界觀。是妳，引領我認識偉大的作家及思想家。」

當天晚上，好友丹尼與喬熙來訪，帶來自家做的晚餐。丹尼是同業，是我心目中最好的心理治療師之一，也是全國知名的爵士鋼琴家。丹尼與我單獨散步時，我說出了自己所面對的情況。他十分明白瑪莉蓮在我生命中無比重要（一如他的妻子之於他），我知道，他會同意瑪莉蓮要求醫助自殺的決定。他常說，當痛苦無法承受而又沒有希望復元時，他支持任何人結束自己生命的權利。

我跟他說，我人生的這段時間可謂慘澹無光，瑪莉蓮的多發性骨髓瘤經過治療雖已消失，但不知哪一天會無可避免地很快又復發。我日復一日、恐懼害怕地等待。我永遠無法忘記發作的那天，瑪莉蓮叫醒我，因為骨髓瘤導致脊椎裂傷，背痛得哀叫不已。

丹尼出奇地安靜，平常他可是反應敏捷，能言善道，在我心目中，其表達能力與機智皆屬上上之選。他的沉默令我不安，擔心自己是不是太過於麻煩他。

第二天早餐時，瑪莉蓮隨口提起，說她背痛。我默默地倒抽一口氣，很自然地想到了她的脊椎裂傷及劇痛——多發性骨髓瘤的初期症狀，恐懼感油然而生。我一直都在擔心她的多發性骨髓瘤復發。最害怕的事情終於要來了嗎？我已經二十多年沒幫人做過體檢，但把手放到她背上，在每節脊椎上略施壓力，確認疼痛的位置，實輕而易舉。可這事不宜由我親手來做。做丈夫的畢竟太親，不該插手這檔事。此外，女兒伊娃也是醫學博士，很快就會過來，大可以要她檢查她母親的背。瑪莉蓮的疼痛就只能訴諸嗎啡……及死亡，沒有其他辦法緩解，想到這裡，不禁悲從中來。

我開始責備自己。不管怎麼說，那麼多年來我畢竟看過那麼多的失親者，其中絕大部分人都遭遇過我今天所面對的喪失。沒錯，我不斷強調自己的喪失與眾不同：我愛她，愛得那麼久，愛得那麼深，所以，我經歷的痛苦才更甚於他們。

我看過那麼多的喪偶者，後來都獲得了改善，儘管我知道，那不是一蹴可幾，通常需要一至二年，但畢竟都做到了。我卻故意跟自己過不去，老是把心思放在自己的心理負擔上，憂慮自己的年齡、記憶問題、身體問題，特別是平衡問題，需要借助枴杖或助行器才能行走等等。但對自己這種負面的想法我很快做出駁斥：歐文呀，拜託喔，看看你自己吧；你對精神心理的瞭解，對戰勝痛苦時刻的豐富經驗，不都是你的強項嗎？還有，歐文，你有那麼多的後盾——四個愛你的孩子及八個孫兒女，你有任何需求，沒有人會丟下你不管的。再想想，你周圍還有那麼多朋友。何況你的財力充足，不管是留在這個漂亮的家裡，或是住到任何安養社區去，你都負擔得起。還有，歐文，最重要的是，和瑪莉蓮一樣，你無有遺憾——你活得夠久，活得美滿，你的成就遠遠超過自己的預期，你幫助過許許多多病人，你的書以三十種語文銷售數百萬冊，每天收到大批粉絲的來函。

因此，我跟自己說，該是停止自怨自艾的時候了。你為什麼要誇大自己的不幸，歐文——難不成是要向人求援？你還需要向瑪莉蓮表達你有多愛她嗎？老天在上，她早就一清二楚了。你深沉的悲傷徒然使她更難過而已。沒錯，沒錯，我跟自己說。我明白，她不希望我陷入絕望之中；她希望我快樂健康，不希望我隨著她去。我不該老是把自己的痛苦掛在心上，該是振作起來的時候了。

來探望瑪莉蓮的朋友和熟人絡繹不絕，來客固然熱情，我卻得負責保護她，不使她累壞了身子。我成了計時員，盡量客客氣氣，把時間限制在三十分鐘內。女兒則設立了一個網站，好讓瑪莉蓮的朋友瞭解她的近況。

瑪莉蓮打起精神，每有朋友來家裡一塊吃飯，她絕不會讓場子冷下來，問長問短，閒話家常，總要使賓至如歸，令我佩服得不得了。沒錯，對學生及病人，無論言談應對，我自有我的技巧，但瑪莉蓮的一般社交技巧則是我望塵莫及。四個孩子常會回來過夜，有時候一個，有時候多些，看到他們令我開心，總是一聊就聊個沒完，一般都會下幾盤棋，有時候打打牌。

但不管多麼愛孩子，晚上時間我就只留給瑪莉蓮一個人。幾個月下來，我一手包辦做飯，瑪莉蓮的胃格外敏感，每天吃同樣簡單的食物：雞肉胡蘿蔔湯粥，我自己則隨便弄些打發，有時候則向餐廳叫外送。接下來是電視新聞，以及瑪莉蓮的禱告，希望她能活著見到川普被彈劾。我們常常找電影看——但這也不是一件容易的事，因為瑪莉蓮記性實在太好，所以大部分都看新片子，而且一個晚上只看半部，另一半明天看。

今夜晚餐後，看的是老片《毒藥與老婦》（*Arsenic and Old Lace*），卡萊・葛倫（Cary Grant）與雷蒙・馬希（Raymond Massey）主演。我們手握著手。我不停撫摸著。邊看電影，邊凝視她，想到我們的日子所剩無幾，心中驚訝不已。我知道……我們都知道……她不久就會死去，非常可能就在未來的四個星期中。這簡直就像在作夢。我們就只能這樣等待著，等著多發性骨髓瘤在她的笑容及美麗的身體上肆行破壞。我為她感到害怕，卻又驚訝於她的心志及勇氣。從未聽她抱怨自己運氣不好，得了這種病而感到害怕或沮喪，一次也沒有。

反倒是我，特別注意到了自己的退化。自己的日常事務常常搞亂，看行事曆往往翻錯頁。以為病人三點來，她卻四點才到。以為我們是在Zoom上會面，她卻親自來了。我覺得自己開始失憶，開始失能。唯一例外的是，只要開始和病人進行諮商，便覺得整個人都回來了，幾乎毫無例外，我感覺得到，每個我看的病人，縱使只是一次性諮商，我給他們的東西都極有價值。

在我看來，我的平衡、我的行走能力、我的記憶，全都在退化。如今，前所未有地，我開始懷疑，瑪莉蓮死後，自己是否真能夠獨自一個人生活在這個家裡。真是可惜，我們兩個不能一塊死。最近也才知道，以後我要住哪裡，又要如何生活，已經成了孩子們之間的主要話題。幾天前，女兒伊娃說，考慮把瓦斯爐具換成電爐，因為，她擔心我一不小心忘了關爐子會把家給燒掉。她把我當小孩看待，又為我的廚房做決定，雖然使我惱火，心裡卻還是同意的。她和其他孩子都認為我不能獨居在這個家裡，我雖然老大不痛快，但也不當真，因為，我怕他們是對的。孤獨，不是問題，安全才是。

未來的日子，我從來沒有細想，也從未認真思考過要僱一個人來家裡。之所以不願意花太多時間想這些事，是因為覺得這樣做對不起瑪莉蓮。前兩天和幾個朋友談起這事，對我想要留在自己深愛的老宅，他們都以為是對的。在同一個社區生活工作已經好幾十個年頭，家人及朋友都住得近，我決定眼下還是住在家裡。心裡琢磨著，朋友和孩子當中，一個星期有三個晚上有人陪我，其餘時間一個人過也滿好。

基本上，我不是一個善於交際的人；在家裡面，這個角色一向都是由妻子扮演。猶記得我們第一次會面，我當時還是青少年，在保齡球館跟人賭博（我以前嗜賭，迄今猶有殘餘）。某個並非深交且名聲不太好的傢伙，提議我們去瑪莉蓮・寇尼克家的派對。由於人實在太多，根本連門都進不去，只得攀窗而入。但見滿屋子的人團團圍著瑪莉蓮。盯著她，我二話不說，排開眾人，走向她自我介紹。這可不是我平常會有的動作，交際上如此之大膽，於我來說，既是空前也屬絕後。但那絕對是一見鍾情！第二天晚上我就打電話給她——生平第一次，打電話給女孩子。

每想到沒有瑪莉蓮的日子，悲傷焦慮齊發：我的想法很簡單：只要想以後沒有瑪莉蓮的日子，彷彿就是一種背叛——一種預期她死亡的不忠。「不忠」一詞似乎還滿貼切：瑪莉蓮還活著，我卻在計畫她死後的生活，感覺起來就是背叛。我應該把整個心思完全放到她身上才對，放到我們的過去，我們彼此擁有的現在，以及我們所剩不多的未來。

突然間，靈光一閃！我要求自己想像另一種情況：如果事情整個相反。如果快要死的是我，瑪莉蓮一如往常那樣深情地照顧我；如果我知道自己只剩下幾個星期可活，我會擔心瑪莉蓮如何度過沒有我的日子嗎？當然會！我會非常非常擔心她，會祝福她一切平安如意。這樣一想，療效立見。我覺得好多了。

17 安寧病院

十一月

安寧病院，一向以來讓我聯想到的無非是垂死病人的最後一口氣。但現在，我卻在與安寧照護團隊打交道了。還能走動，還能自己沐浴，還能閱讀書寫，還能與訪客有條理地對談。儘管疲憊不斷襲來，我還能運作。

P醫師來訪，這位彌薰安寧病院的醫師親切近人，知無不言，總是設身處地，令人安心。擁有照顧生命終期病人的長久經驗，在他看來，安寧照護無非就是透過各種醫藥及其他治療形式，包括冥想及按摩，盡一切可能緩解病人的痛苦。在我看來，只要沒有無法忍受的痛苦，我也就可以挺下來，維持起碼的尊嚴死去。更重要的是，我對他有信心：他親自協助過大約一百名病人的死亡，並向我保證他一定會面面俱到照顧一切。將自己交到他手裡，我感到安心，覺得安慰。

我們也會見了護理師及社工人員，他們將負責追蹤我的病情。從此以後，護理師每星期一次來為我做檢查，瞭解病況發展。同樣地，她也是知無不言、設身處地為病人著想的人，知道她每個星期都會來，讓我感到安心。甚至有位安寧照護團隊的志工打電話給我，自願來家裡為我按摩。由於我喜歡按摩，便馬上安排時間答應下來。心裡不免好奇，想要見見是個什麼樣的人自願免費做安寧照護。世間有那麼多人完全得不到照顧，卻把那麼大的心神耗費到這副八十七歲瀕死的軀殼上，想起來都不安。

許多人，包括歐文，對於我能夠保持平靜都佩服得不得了。沒錯，整體來說，我確實覺得平靜。只有偶爾在夢裡，有巨大的悲愴爆發。但整體來說，我已經接受自己不久人世的事實。悲傷——那向家人及朋友告別的大悲——不足以改變我的決心：就是以最起碼的愉悅度過一天又一天。這絕不是說好聽的：經歷了九個月的毒性治療，多數時間痛苦不堪，現在這暫時的緩解，我樂在其中，無論多麼短暫。

羅伯特．哈里森（Robert Harrison），史丹佛最為人敬重的人文教授之一，稱死亡為生命的「頂點」。他想到的或許是「頂點」在天主教中的意思：與神和解，接受最後的儀式。但對一個不信教的人，頂點的概念有意義嗎？如果，我能夠免除那麼多肉體痛苦的折磨，能夠一天又一天地享受生命的喜悅，能夠跟我最親愛的朋友告別——無論是親自或書寫——能夠把自己找回來，向他們表達我的愛，以感恩的心接受命運，那麼，死亡的那一刻，或許就是頂點吧。

回顧歷史對死亡的看法，至少是我自己所知道的歷史，從我自己的書《性愛的心》（*The Amorous Heart*），《埃及死亡書》（*Egyptian Book of the Dead*）中一幅生動的畫面浮現。三千多年前，古埃及人裁決生命死後轉移的方式最是戲劇化。心，靈魂的居所，被放到一把秤上。如果心非常純淨，重量秤起來比羽毛還輕，死者便可以進入來世。但心若因惡行而沉重，在秤上便會比羽毛還低，那麼死者無論男女，都會被一隻怪獸吞噬。

啊，儘管我並不相信這一套裁決方式，卻也相信人之將死，如果還有時間反思的話，都會為自己的人生做個評價。當然，我也是如此。如果自滿沒有什麼負面意義的話，我倒是覺得自己沒有做過什麼虧心事，可以死得少有悔憾，少有愧疚。我收到的許多電郵、卡片和信裡都說，我對許多人都有過極大的幫助。多數時候我之所以覺得平靜，知道自己得以「善終」，這的確是理由之一。

說到死亡的關懷，可以遠溯到希臘及羅馬哲人塞尼卡、埃皮克泰特（Epictetus）及馬可・奧里略（Marcus Aurelius）。就他們的理解，宇宙中的每一個存在都可以看作是兩大永恆黑暗——生前與死後——之間的一隙微光。說到最佳的人生態度，無論基於人情或理性，這些哲人都要我們不要懼怕死亡，反而去接受萬有安排此一無可避免的結果。

儘管基督教的上帝及來生觀點取代了這些「異教徒」的思想，善終的觀念仍然千百年持續不輟，影響了幾本最近的著作，如凱蒂・巴特勒（Katy Butler）的《善終的藝術》（*The Art of Dying Well*，二〇一九）。薛溫・努蘭（Sherwin Nuland）的《死亡的臉》（*How We Die: Reflections on Life's Final Chapter*，一九九五），敘述生命如何離開身體，寫得毫無避諱，滿懷溫情。

沒錯，誠如P醫師提醒我的，死亡是非常個人的事；每個人的死亡都是獨特的，並不適用於其他任何人，即使罹患的是相同的疾病。以我來說，有可能就只是逐漸衰弱，或某個器官衰竭，萬一我需要深度鎮靜麻醉，我便有可能在睡眠中無痛死去。由於我已經選擇了醫助自殺，若我仍然清醒，能夠表達自己的意願，我可以決定自己的死亡時間。到時候，除了安寧照護醫師及護理師外，我將要求丈夫及孩子們在場。

目前，我有一個安寧照護團隊在照顧我，瀕死病人的需求他們了然於胸，彷彿不等我開口就知道我要問的問題，根據以往照護已故病人的經驗，我要的答案他們也都幫我擬好了。藥物都儲備於櫥櫃及冰箱，需要時，無論白天或夜晚，任何時候只要去電彌薰安寧病院，便可以按照指示取用。碰到緊急情況，病院會立即派人過來家裡。我拒絕為維持生命採取任何非常措施的相關文件都已經備妥。等死到臨頭了，不論是什麼樣的狀況，我還可以做主。

但話又說回來，死亡本身我雖不害怕，與親人的分離卻始終令我悲傷。縱有種種哲學高論，縱有種種醫療專業保證，卻也化解不了我們不得不彼此分離的事實。

18 安慰人的幻想

十一月

M醫師評估瑪莉蓮只能再活一至兩個月，如今，六個星期過去了。儘管時不我待，瑪莉蓮看起來卻好得很，而且活力十足。兒子班恩向全家人發了一份電郵，說：「大家好：儘管她原來沒有這個打算，看來我們親愛的媽媽要過感恩節了！她要我們籌畫一下，一起到帕羅奧圖來過節。」

瑪莉蓮目前正在聽一個錄音講座，講的是馬可．奧里略。她過了非常好的一週：很少嘔吐，有點胃口，精神也多一點。一天裡大部分時間，她還是躺在客廳沙發上度過，小睡或是欣賞窗外的大橡樹。這個星期裡，有兩次還願意走三十公尺去門口的信箱。

瑪莉蓮的病讓我更加意識到了自己的大限。我平常會在亞馬遜買些東西：雙A電池、耳塞、蔗糖素，都是一買就一大堆。就在要按下「購買」鍵之前，我罵自己：「歐文，你不該又一次就買三十個雙A電池，或一整箱一千包的蔗糖素，你太老了，活不到那麼久了。」於是，我減少訂購，少了許多。

跟瑪麗蓮兩手交握，於我而言，其樂無比，再無其他堪比擬。對她，我是樂此不疲。這從我們高中時期就開始了。在羅斯福高中時，同學常笑我們，就連在自助餐廳吃飯時都手握著手——七十年後，依然如此。強忍淚水，走筆至此。

從一間空出來的臥室，傳來瑪莉蓮和女兒伊娃的談笑聲，好奇她們在做什麼，便走了進去。她們正檢視著瑪莉蓮的首飾：戒指、項鍊及胸針，一件又一件，決定由哪一個孩子及孫兒女、媳婦及朋友來繼承。但見她們談性甚濃，樂在其中。

時間分秒過去，雖然才上午十點，我卻覺得疲累，便在一張床上躺下，繼續看著他們。幾分鐘過後，開始發抖。儘管屋裡暖氣開到華氏七十度，我還是拉了條毯子蓋上。整個景象令人毛骨悚然：我完全無法想像，所有這些東西，每一件都是自己人生的一個記號，卻如此輕鬆愉快地就分送了出去。這些首飾是在哪裡得到或是誰給她的，每一件瑪莉蓮都有一個故事。我覺得，所有的一切都在消逝。死亡吞噬一切，吞噬人生，吞噬記憶。

最後，我悲傷到無法承受，不得不離開房間。沒隔多久，便回到電腦前面，打出了這段文字——彷彿這樣就可以留住流逝的時間。難道這整本書的計畫也是為了同樣的目的？畫下眼前的景象，我想要以此凍結時間，滿懷希望，將之遞送至遙遠的未來。這一切，無非幻想。但是是安慰人的幻想。

19 法文書

十一月

在自己的書房，看著空蕩蕩的書架，原來都是放我的法文書，全部加起來至少應該有六百本，從天花板到地板，滿滿兩排。記憶所及，歐文和我都是書蟲。打從青少年起，我們就和書綁在一起，從此埋在書海裡。我們家書滿為患，大部分的書要到哪裡去找，好像也只有我才知道，但也難免失誤。

昨天，瑪莉—皮埃爾．烏勞（Marie-Pierre Ulloa），我的史丹佛法文系小朋友，同她先生一起來家裡，把我的法文書打包裝箱帶走，為它們在她的閱覽室找到新家，開放給學者及學生使用。知道這些書不至於星散流失，很使我感到安慰。

但我仍然難免悲傷。沉浸法國文學與文化七十年，這些書乃是我人生重要的一部分。最老的一本——我沒捨得送掉——一九五〇年高中畢業，我的法文老師瑪莉・季哈德（Mary Girard）送我的一本《大鼻子情聖》（*Cyrano de Bergerac*）。她題詞如下：

> 瑪莉蓮惠存：長記舊日情誼，祝福美好前程。

正是季哈德夫人，建議我去念當時以法文系首屈一指著稱的衛斯理學院，而我也以做一名法文教師自許。她（或我）沒想到我會繼續走下去，得到比較文學的哲學博士，做了大半生的法文教授。

我的書是按年代秩序排列，始於第一排書架頂端的中世紀，終於第二排書架底端的少量二十世紀作家，諸如柯萊特（Colette）、西蒙・波娃（Simon de Beauvoir）、薇奧莉・勒・杜克（Violette le Duc）及瑪莉・卡迪諾（Marie Cardinal）。從早先幾個世紀以男性作家為主，轉變成為近代的女性作家，或許反映了我自己的品味，但也反映了女性在現代文學中份量的增加。

記得有一本書：好友康絲坦斯・波爾德（Constance Borde）及希拉・馬洛瓦

尼–切華利耶（Sheila Malovany-Chevallier）合譯的西蒙・波娃《第二性》（*Second Sex*），有些書評認為翻譯得「太過於文學」，我覺得自己不應置身事外，乃投書《紐約時報》為其辯護。她們送我的題詞譯本，是我無法割捨的另一本書。

但如今，其他書幾乎全都散盡，徒留空蕩蕩的書架及我心巨大的空虛。然而，想到瑪莉–皮埃爾會將這些書開放分享，又給我帶來希望，它們將有如漣漪般擴散及於他人的人生。瑪莉–皮埃爾又建議，每本書附以藏書票，說明此書為瑪莉蓮・亞隆藏書，因此，這事我便請歐文代勞了。

至於我自己其他方面的書籍，包括女性研究作品、生活隨筆、德文及西洋棋，又將何去何從呢？我打算電話連絡幾位同事，請他們任選自己喜愛的帶走。這類事情我只要丟給歐文及孩子們去處理就行了。這會兒，我越來越清楚，可以放手了，自己一旦死去，我將不再有意識，對這些事情也說不上話了。

跟法文、書及法國朋友結緣，有些完全料想不到的事情卻隨之發生了。去年在巴黎，和好朋友菲利浦・馬賀提亞（Philippe Martial）及亞蘭・布里歐特（Alain

Briottet）過了一些時日。兩位先生都經歷過二次世界大戰，當時都住在法國鄉下，菲利浦在德軍佔領的諾曼第，亞蘭則在南方所謂的「自由地區」。亞蘭最近出版了一本回憶錄，寫他的軍官父親於一九四〇年停戰後被俘囚禁於德軍監獄的事。

我建議他們編一本書，書名訂為《無辜的見證人》（*Innocent Witnesses*），寫小孩子對二次世界大戰的回憶，包括我們自己的故事，以及我從朋友那兒收集得來的。童年的故事很少落在戰爭的恐怖上。小孩子記得的往往是吃過的東西——或沒吃過的——特別是飢餓的折磨。他們記得好心的陌生人帶他們回家，以及生日或聖誕節時天外飛來的玩具。他們記得童年的玩伴，其中有些人因為被迫遷離或死亡，從此消失。他們記得警報聲及爆炸聲，記得照亮夜空的照明彈。小孩子的眼睛收納了戰爭的點點滴滴，透過記憶重新開啟，讓我們見證了戰爭的殘酷現實。

在《無辜的見證人》中，我收集了六個人的童年故事，有的是同業，有的是朋友，以第一人稱敘述，對談幾十年的經歷。我們相識不是在戰爭期間的童年，而是在大家都成年之後。他們克服過去的陰影長大成人，有想法，有成就，令我感佩不已。透過他們的回憶，得以一窺他們藉以存活下來的條件。是哪些大人為他們提供了保護及希望，使他們得以走過最惡劣的時期？是什麼樣的人格特質使他們得以成為健全的成人？他們又是如何處理自己創傷性的戰時記憶？如今，這些人當中，有好幾位都已過世；我們幾個剩下來的無疑也將不久人世，把這些故事傳下去，我覺得責無旁貸。

一回到加州，我就立即動手整理初稿。令我驚訝的是，儘管身在多發性骨髓瘤的診斷及治療中，我還是進展得相當順利。一旦放棄了治療，便決定將初稿送交經紀人珊蒂．迪克斯卓（Sandy Dijkstra），請她看看是否適合出版。

事情很快就有了回應！珊蒂把東西送到史丹佛出版部，不到一個星期，他們主動提出建議：不僅出版《無辜的見證人》，同時也出版這本我與歐文合寫的書。這簡直就是上帝賜下的禮物。如今，我所要做的就只是繼續活下去，以便跟我的編輯凱蒂．華爾（Kate Wahl）合作完成這兩本書。凱蒂已經讀完手稿，並提出許多建議。我希望自己趕得上。而且距離感恩節還有兩個星期，所有的孩子都會回來，我得保留些精神，為了他們及我的**兩本**書。

20 終點將至

十一月

上午大部分時間我都待在自己的辦公室，步行回家約三分鐘，進入瑪莉蓮的辦公室時，我大驚失色。她的書架空掉了一半。事先連個招呼都沒打。她要讓書可以物盡其用，全都給了學生，這完全可以理解，但我知道，換作是我就絕不可能。人還沒有嚥氣，就眼睜睜看著自己最重要的資產煙消雲散，這事我絕對辦不到。

我之所以不願意搬到較小的老人公寓，這是主要原因之一：要我把自己的書丟掉，那實在太過於痛苦。這種苦差事還是派給孩子們，我信得過他們，一定會做出合理且聰明的決定。回到自己的辦公室，轉動辦公椅，端詳著背後的那一面書牆。全部隔成七面，每一面七層，每層約三十本，總共約一千五百本。書的排放雖然看似沒有章法，對我來說卻是了然於胸。前面三分之一，是按照作者的字母順序排放，其餘的則是與我所寫的書有關，有幾層是尼采的書及談論他的著作，然後是叔本華（Schopenhauer）的，以及有關斯賓諾莎的、存在心理治療的、團體治療的。目光落到這些書上，心思與記憶便隨之遊走，回到寫每本書時我們落腳的世界。故事及小說的寫作是我人生最精采的部分，那些靈感噴湧而出的地方至今如在眼前。《當尼采哭泣》（*When Nietzsche Wept*）的幾章，在塞席爾寫就；《愛情劊子手》在峇里、夏威夷及巴黎；團體治療教科書在倫敦；部分《叔本華的眼淚》（*The Schopenhauer Cure*）則是在澳洲及德國。

眼看自己的整個書架空空蕩蕩，瑪莉蓮卻能夠心如止水，那是她的一貫風格。之所以如此，無疑地，她對死亡焦慮（及一般焦慮）的體驗遠遠不如我那樣強烈，我相信，這和我們早年的人生經驗大有關係。我來說一個我們的人生故事，我相信從這個故事，對於焦慮之產生，可以看出一些端倪。

瑪莉蓮的父親薩繆爾・寇尼克（Samuel Koenick）及家父班傑明・亞隆（Benjamin Yalom），都是二次大戰後從俄羅斯的小鄉鎮移民過來，各自在華盛頓特區開著一家小雜貨店。瑪莉蓮的父親青少年晚期就已來到美國，在美國接受過一兩年的普通教育，之後獨自旅行走遍了這個國家，然後才與自波蘭移民過來的塞莉亞，瑪麗蓮的母親認識並結婚。至於家父，來美時已經二十一歲，而且沒受過一天的普通教育。

我們的父親工作都辛苦，守著雜貨店很少休息。家父的時間更長些，因為，雜貨之外，他還賣酒，每天開店至深夜十點，週五、週六則至午夜。

瑪莉蓮的父親比較適應美國文化，為妻子及三個女兒在華盛頓一個安靜安全的地方選擇了住家，距離雜貨店二十分鐘車程。至於家父，則決定他的家人（家母、七歲的姊姊和我）應該住在雜貨店樓上的小公寓，一個堪稱治安不良的危險街區。對父母來說，決定住在店的樓上出於務實：父親要吃飯或小歇時，母親可以代勞。當店裡忙碌時，他也可以打電話給母親，她一定會在兩分鐘之內衝下來。

住在店的樓上雖然方便他們，對我來說卻是災難：我連家門都不敢出。星期六及學校放假，我通常會在店裡工作——這並不是父母的要求，而是因為我除了啃書之外，別無其他事情可做。當時的華盛頓還是種族隔離，一整個街區，除了其他商店店主，就只有我們一家是白人。另一家白人商店，店主跟父母來往甚密，是來自俄羅斯同一個鎮上的小老鄉，卻遠在五條街之外。我的朋友全是黑人小孩，但父母卻不准他們進我家。更糟糕的是，住在幾條街之外的白人小孩全都被教育成反猶太分子。我念的蓋吉小學，正好位在一個白人幫派的勢力範圍內，我每天上學要走八條街，有時候還真是膽顫心驚。經過父親雜貨店隔壁幾家的理髮店時，理髮師時不時迎著我：「嘿，猶仔——過得怎樣呀？」至今記憶猶新。

過了幾年，父親放棄雜貨生意，專賣啤酒及酒類。儘管獲利更為豐厚，卻也帶來了一批不速之客，盜竊不時上門。父親為了自衛，雇了一位武裝警衛在店後面坐鎮。十五歲時，母親堅持買一棟房子，搬到較安全的街區，我的生活才完全改觀：較好的學校、較安全的街市，以及友善的鄰居。最重要的是，九年級時認識了瑪莉蓮。儘管從此以後我的生活大幅改善，但八十年後的今日，早年所造成的焦慮仍然糾纏不散。

瑪莉蓮的早年生活迥然不同。她生長在這個城市安全宜人的地方。瑪莉蓮及她的姊妹、甚至母親，從不踏進店裡一步。更重要的是，她進過口才學校，學過音樂，聽到的是不斷的讚美，也沒有反猶主義，整個生活中完全沒有威脅。

認識才一個月，瑪莉蓮和我就發現原來我們父母的店相去只有一街之遙。父親的店位於第一街及希頓街的街口，她父親的店則在第二街及希頓街的街口。我的童年及青少年時期，走路及騎單車經過未來岳父的店門口，只怕有上千次之多！只不過，我們的父親彼此從未見過面，直到退休多年後，才在我們訂婚時相識。

因此，大體上來說，我們的早年生活看來沒有什麼不同：父母都是東歐來的移民，父親都開雜貨店，彼此相距一街之遙。但事實上，我們的早年生活天差地別。我這個領域中的許多先進：西格蒙特．佛洛伊德（Sigmund Freud）、安娜．佛洛伊德（Anna Freud）、梅蘭妮．克萊恩（Melanie Klein）、約翰．鮑比（John Bowlby）都斷言，早年的創傷，即使遠溯到語前時期，都會造成負面影響，對成人的自適、自在、自尊造成難以抹除的負面影響，即使到人生的晚期亦然。

21 死亡來臨

十一月

時光晦暗，於今尤甚。瑪莉蓮的死亡已經出現在地平線上，越來越接近，影響每一個決定，無論大小。她早餐喝 Earl Grey 伯爵茶，我發現茶包只剩下兩個了，便去雜貨店添購。但要買多少呢？家裡沒有其他人喝茶。一盒有二十包。心裡擔心她活不了幾天，我還是買了兩盒，四十個茶包，祈求奇蹟讓她多跟我待上一陣。

早上醒來，她抱怨背痛，一動就劇痛，痛到無法動彈，我想盡辦法幫她在床上找個比較不痛的位置。她痛不欲生，我因愛莫能助而難受。

我奇怪她為什麼不再提出要結束自己生命的事：當她感覺比較沒有那麼痛時，反而常常提起。是她改變心意了嗎？若要選擇結束生命，唾手可得，這她是知道的。兩天前，P醫師開車一個小時到最近的藥局，買了致命的混合藥劑送來，放在臥室一個小櫃子裡，包裝袋上有斗大的警告標示。

她的背實在痛得厲害，甚至無法下樓，連樓梯升降椅都用不上。安寧病院護理師說瑪莉蓮和我共用的雙人床太軟，加重了她的背痛，堅持瑪莉蓮去睡走道對面小臥室裡較硬的床。這一夜，瑪莉蓮睡得較好，但我睡得不好：我怕她痛起來叫我聽不到，我大半個晚上都醒著、豎耳聽著。第二天，孩子們和我來了一次家具大調動，把較硬的小床搬進我們臥室，傍著我們的雙人床，將巨大的臥室書櫃搬去別的房間。

現在再清楚不過，瑪莉蓮無法跟家人過感恩節了。她的疼痛加劇，安寧病院人員不得不每個小時給她微量嗎啡好讓她舒服些，前兩劑嗎啡讓她睡了大半天，無論什麼時候跟她講話，她都只能咕噥兩句便又睡了回去。儘管她的疼痛得到緩解讓我感到寬心，但明白她和我或許是最後一次說話了，不禁淚下。兒子班恩的沮喪我也看在眼裡。她那本二次世界大戰童年回憶的書《無辜的見證人》，班恩答應要幫她編輯，但搞不清楚哪一份初稿才是最新的，她把它存在電腦哪裡，幾次要問瑪莉蓮，她卻總是昏昏沉沉無法回答。

瑪莉蓮經常失禁，女兒及么兒班恩每天幫她清理換洗（班恩有三個幼兒，處理髒尿布很有經驗）。每當此時，我便離開房間：我美麗的瑪莉蓮，我要保留她潔淨的記憶。其他時間，我整天寸步不離，懷著渺茫的希望，期待我們還可以再說幾句話。

下午稍晚，她突然睜開眼睛，轉向我說道：「是時候了，歐文，是時候了。夠了，拜託，夠了，讓我走吧。」

「要我叫P醫師來？」我問，聲音顫抖。

她點頭。

九十分鐘後，P醫師抵達，但卻說瑪莉蓮因為嗎啡意識過於遲鈍，按加州法律規定，不算是自願吞服結束生命的藥物。離去時，他嚴格限制瑪莉蓮的嗎啡，並告知他與護理師將在明天上午十一點再來，且留下手機號碼，要我們在必要時隨時打給他。

第二天早上，瑪莉蓮六點醒來，精神極度混亂，一再求著要P醫師來幫她結束生命。我們打給他，不到一個小時，醫生來了。瑪莉蓮早先要求過，她走時，所有的孩子都要在。其中三個昨晚就在家裡過夜，但另一個待在麥林他自己家裡，開車來要一個鐘頭。

兒子從麥林趕來，P醫師俯身向瑪莉蓮，附在耳邊問：「您想要什麼？」

「不活了。到此為止。」

「您確定現在就結束自己的生命？」他問。

瑪莉蓮極度昏沉乏力，儘管如此，仍然用力點了點頭。

P醫師先給她服一些止吐藥，然後準備了兩杯致命藥劑。第一杯是地谷新（digoxin）一百毫克，足以停止心臟的搏動。第二杯是嗎啡十五克、阿米替林（amitriptylin）八克及地西泮（diazepam）一克。

只見P醫師面帶憂色，在兩只杯中各放一根吸管，說出他的擔心：「希望她意識夠清醒，有力氣把杯中的藥吸上來。法律規定，病人服藥時意識要足夠清醒。」

我們幫瑪莉蓮坐起來。她張嘴含住吸管，吸盡杯中的地谷新。P醫師立刻將第二杯送到唇邊。儘管瑪莉蓮虛弱到無法言語，她也一口氣吸乾了第二杯。只見她躺在床上，閉著眼睛，吃力地呼吸著。大家圍繞床邊，P醫師、護理師、我們的四個孩子，還有我。

我的頭靠著瑪莉蓮的頭，整個注意力放在她的呼吸上，看著她的每一動，靜靜數著她的呼吸。微弱呼吸第十四下之後，呼吸停止了。

俯下身，我吻她額頭。她的肌膚已冷：死亡降臨。

我的瑪莉蓮，親愛的瑪莉蓮，永遠離去。

——

不到一個小時，葬儀社來兩個人，我們都在樓下等著。十四分鐘後，他們抬她下樓，屍袋裹著，眼見他們就要走出前門，我要求再看她一眼。他們拉開屍袋上端拉鍊，露出她的臉，我俯身親臉頰。肌膚僵冷。冰冷一吻，伴我餘生。

22 死後

十一月

瑪莉蓮的大體隨禮儀師離去後，我仍然處於恍惚狀態，心思卻掛著我們的寫作，如今成了**我一個人**的功課。記住這一幕，我對自己說，記住這中間的每一件事，記住自己心中的每一念想，好把這最後的時刻付諸筆端。一而再，再而三，我聽到自己喃喃自語：**我再也見不著她了，再也見不著她了，再也見不著她了**。

隔天舉行葬禮，雖有四個孩子、女婿、媳婦及許多孫兒孫女環繞，我卻感到一生從未有過的孤單。上樓時，我無聲哭泣，在自己臥室獨自度過大半日，觀看自己內心的活動，希望藉此紓解悲傷。這一來，某種念頭不斷的反覆出現，莫名所以的景象揮之不去，讓我經歷了一次強迫性的、鮮明而強烈的體驗：天安門廣場屠殺反反覆覆在我內心上演，我看到巨大的坦克輾壓抗議學生。沒錯，那念頭就有如坦克排山倒海而來，完全阻止不了。

為什麼會是這景象？問題究竟出在哪裡？我百思不解。天安門事件，三十年前的往事，更何況發生以來我並不曾想過太多。或許是最近香港學生抗爭的電視畫面所觸發，也或許是對死亡無可避免的殘酷一種直觀的表達。總之，有一事可以確定：這景象令人不舒服，我不要它弄亂了我的心思，雖欲去之而後快，卻束手無策，同一景象在心理反覆衝撞不停。想當年，自己不知面對過多少強迫症病人，這會兒才真正體會到他們的辛苦。看來直到今日，我其實並未真正理解強迫念頭之困擾與難纏。我嘗試用吐納將之驅除，吸氣時念「平靜」，吐氣時念「放鬆」，但絲毫不起作用。無能為力以至於此，我不免感到詫異：運氣豈止五、六個循環了，坦克輾壓學生的畫面再度浮現。

整個人精疲力竭，躺到床上。沒料到女兒及媳婦卻進了房間，在我身邊躺下。三個小時後醒來，她們已經離去——這或許是我這一生中最長的一次午睡。記憶中，也是第一次仰睡！

幾個小時過後，晚上就寢時，覺得失落及不真實。這是我第一個沒有瑪莉蓮的夜晚。爾今爾後，直至生命結束，每一個夜晚都將獨眠，而這則是第一個。啊，我曾經有過多少個沒有瑪莉蓮的夜晚，每當我到其他城市演講，或瑪莉蓮去巴黎時；但這卻是瑪莉蓮不在人世，不再存在，我獨眠的第一個夜晚。這一夜，一反常態，睡得極深極沉，一睡九個小時。醒來時，發現過去二十四小時內，自己竟然睡了十二個小時——記憶所及，這也是二十四小時內睡得最多最沉的一次。

四個孩子，沒來問我，把接下去幾天的一切都接手下來，包括靈堂布置、與拉比及靈堂司儀會商、挑選致詞來賓，以及葬禮後在家中聚會時的餐點外燴。這一切使我輕鬆不少，我感謝他們，也為他們感到驕傲。但同時，另有一個我，既小心眼又孩子氣，為了被忽略而不開心。我覺得自己沒有用了、老了、不濟事了、多餘了、出局了。

出殯的日子來臨。墓園就在四個孩子都念過的岡恩高中（Gunn High School）對街，從家步行約二十五分鐘。此刻寫下這些，距離瑪莉蓮過世雖然沒有幾日，可葬禮的細節大多都記不真切了，我還得去問孩子及朋友才行。創傷壓抑：另一種有

趣的心理現象，以前聽許多病人講過，自己卻從未經歷過。

這裡，我寫的只是自己**還**記得清楚的。有人載我到墓園禮拜堂（不記得是誰了；但我想應該是女兒，一整天下來，她都前前後後跟著）。我們提早十分鐘到達，依稀記得，寬敞的禮拜堂裡已經滿滿是人。拉比派翠西亞．卡林－紐曼（Patricia Karlin-Neuman）揭開儀式序幕。她和我們是舊識，數年前還曾邀請瑪莉蓮和我到史丹佛希列爾堂（Hillel House）講演。三個孩子（班恩、伊娃及里德）和兩位最要好的朋友（海倫．布勞及大衛．史皮格爾）分別簡短致悼詞。我清楚記得，五個人的表現無不細膩動人。兒子里德講的尤其令我刮目相看。他玩了大半輩子相機，是個優秀的攝影家，但直到去年，他拿他寫的詩及散文給我看，主題都是有關他童年及青少年時期，很明顯地極有才華，近來還頗有佳作。但葬禮過程我也只記得這些了。記憶中的事抹淨得如此徹底（或無法紀錄下來），生平還是頭一遭。

接下來記得的是，自己坐在墓園門外，我是怎麼從靈堂來到這兒的？走路？還是坐車？不記得了。後來問女兒，她說她和我一起走過來的。墓園裡的事倒是記得，我和孩子們坐在面對瑪莉蓮的棺木的第一排座椅上，棺木緩緩降入一個深坑，不過幾呎遠，就是她母親的墳。

坐在霧中，一動不動，有如雕像，這我記得。但當禱告聲揚起，所有來賓圍繞墓穴排成一列，每個人輪流剷一鏟土抛到棺木上，就只剩模糊的印象了。之所以還記得這項傳統，是因為我參加過別人的葬禮。至於那天，我整個人嚇呆了，要我往瑪莉蓮棺木上剷土，我做不到。因此，就只是坐著，陷入昏沉狀態，直至每個人都做完為止。我沒有加入埋葬瑪莉蓮的行列，不知道大家是否注意到，如果有人注意到了，希望他們將之歸因於我的站立不穩及高度依賴枴杖才好。過沒多久，我隨著孩子們回家。

在家裡，許多參加葬禮的人，或許是絕大部分的人都來了，大家聊天，飲香檳，享用孩子們請來的外燴師傅準備的點心。我自己是否喝過或吃過什麼，不記得了。想起來，應該跟兩位要好的朋友說了許久的話，但同樣地，整個聚會的細節記憶全都消失無蹤。有一事倒是確定的：我不是個稱職的主人，沒能走動招呼朋友們，事實上，我不記得自己有離開椅子過。兩位朋友坐我旁邊，談到史丹佛要開一門夜間課程，講授十九及二十世紀短篇小說，邀請我加入他們。

啊，好的，我會的，我決定。或許這代表我沒有瑪莉蓮的生活的開始。

但接下來，眨眼間，我又想起了地下棺木中的她。但我趕走這念頭；我知道，瑪莉蓮並不在她的棺木中。她**什麼地方**都不在。她不再存在——只存在於我的記憶中，存在於許多愛她的人的記憶中。我會真正接受這一事實嗎？我會接受她的死亡，以及自己將要來臨的死亡嗎？

我無需獨自面對瑪莉蓮的死，葬禮後，四個孩子都陪著我，能陪多久就多久。女兒伊娃放下婦產科醫師的工作，體貼入微地照顧我三個星期。最後，我跟她說，我準備好一個人過了。但就在她要走的前一晚，我做了個夢，真正的夢魘，許多年來的第一次。時在午夜，暗黑深沉，我聽到門響，知道臥室門開了，望向門口，見一男子的頭，相貌英俊，戴一頂深灰軟呢帽。也不知為什麼，我知道他是幫派分子，也知道他是要來取我性命的。醒來，心跳如擂。

這夢明顯告訴我，我自己不久也要赴死亡之約了。灰軟呢帽……父親就是戴頂那樣的灰軟呢帽。父親也是相貌英俊，但絕不是幫派分子。他溫文有禮，過世四十年了。怎麼會夢到父親呢？我很少想念他。又或許，他不是來取我性命，而是來護送我前往冥間，去那個和瑪莉蓮長相廝守的地方。

也或許，這夢是告訴我，我還沒為女兒的離去做好準備，還沒準備好自己一個人過。但我沒把這夢跟她說：畢竟她是醫師，已經取消了許多病人的約診，該是讓她回去過自己生活的時候了。兒子里德倒似明白我還沒準備好一個人過，也沒問我，週末人就來了。我們痛快地下了許多盤棋，一如他還是孩子時。

瑪莉蓮去世下個星期才滿月，我已經一個人過了第一個週末。回想瑪莉蓮的葬禮，我驚訝於自己那天的麻木及平靜。或許是因為她臨死時我一直都陪在她身邊，該做的我都做了。我始終守著她，數著她的最後一口呼吸。還有那最後一吻，在她冰冷的頰上——那才是真正道別的時刻。

訂婚宴上亞隆夫婦雙手緊握

我們懷念

悼文

十一月二十二日

女兒伊娃．亞隆

從一開始，母親開始做化學治療的時候，她就從你們許多人那兒得到有如湧泉的愛。她常說，她明白「一個人活著，不只是為了自己」。這一路走來，她才真正領會到，原來在那麼多人的心中她佔有那麼大的份量──你們，那麼多的人，得過她的教導、她的照護、她的鼓勵、她的鞭策，以及她的愛。

這樣的領會讓她深受感動，使她最後幾個月活得格外有價值。她希望親自跟每一個人道別，讓你們每個人都知道她有多麼愛你們。

身為她的孩子，桌上永遠有多放一個盤子的空間，她細小卻強有力的腿上永遠有多出來的餘裕，對我來說，這都是理所當然。她的愛及教導，我感受至深。是的，是她的鞭策，使我，以及你們所有人，做到盡善盡美。

有這樣一個女性主義的母親，何等幸運！對我這一代來說，幸運的是，我知道這是可以做到的，而且有她指導我。不僅如此，她的教導與疼愛也及於我童年的玩伴，以及我的孩子和他們童年的玩伴。

身為產科醫師，我的人生工作就是接引新生命來到世界，但換個方式來看，在這裡，我接引她歸來，似乎也順理成章吧。

兒子里德・亞隆

瑪莉蓮熱愛大地，
愛將雙手放入肥沃土壤
屈膝種植番茄
採集草莓。

我們懷念她的杏子酸辣醬及果醬。
瑪莉蓮熱愛氣息。
她善於行走
以強健的雙腿。
有一回特別難忘
採藍莓於海德堡
狂吸藍色芬芳。
還有一回，
看到她握著歐文的手
於夏威夷海灘的夕照。
但見她閉上雙眼
狂
吸
含鹽的空氣。
她熱愛火
以及一切溫暖事物。

當冬日柴火劈啪作響
瑪莉蓮緊偎
不惜烤焦。
難忘銀湖的那一個星期
三代嘻戲
散步游泳。
說說唱唱
就著營火
她歡喜地將棉花糖
燻得通體褐黃。
瑪莉蓮熱愛美——
但並不止於怡心悅情，
更在於抒發生命，
象徵她所追求
所信仰的

人性善良。
將之表現於作品，
分享與世界——
於她的書寫，
與她的孩子
每日每時——
晚餐前聆賞
韋瓦第的四季，
或許，一杯微甜的雪莉在手——
或出乎意料地——
帶著我們去夏爾特看彩色玻璃窗戶——
但最可貴的是，
召集偌大一群朋友、
學生、同事——
當然，還有家人——

歐文、我的手足、我們妻子及她的
八個孫兒女。
她鼓勵我們每一個人
擁抱她的理想；
發現善良
於其他的文化、宗教
於人性、
於彼此之間。
我懷念她高舉這盞明燈，
但絕不希望見其消逝；
而是要增益其光華
向外放射進入夜空
有如群星熠熠
輝耀無盡擴充的宇宙。
此刻，你們全都高舉這盞明燈。

我們的婚禮，華盛頓特區，一九五六年七月

全家合影，一九七六年。女兒伊娃及三個兒子
里德、維克多及班恩（坐地板上）

兒子班恩・亞隆

母親看世界有她特別的方式。這大多源自她在法國的耳濡目染：La façon ou manière correcte de faire les choses，**凡事都要中規中矩**。包括彬彬有禮、言談謙和、舉止中節，以及梳頭、洗手及衣著整齊用餐。除了教導孩子外，她要求**凡事都要中規中矩**，在我看來，在二十世紀的加州或許有點不合時宜，卻讓她在這個世界上活得有信心，正如你們許多人都提到過的，這裡面有著大家共同擁有的美好記憶。

在她這種生活態度裡面，有一條規則讓小時候的我覺得很有趣，那就是「小孩子應該是要讓人看到而不是讓人聽到。」哈！我不是個安靜守規矩的小孩，這很讓她失望。偏偏我就是拗脾氣、要求多，又愛講話。每個人都說我很難搞，我自己倒不記得。

最近，看著她和我六歲大的兒子亞德里安，才特別注意到這一點。這小子極野，脾氣特拗，動不動就大喊大叫摔東西，我一點都不懷疑，我是天底下最糟的父親，一切都要怪我，是我的報應。

但安靜下來時，他卻也漂亮、光鮮、可愛。我常擔心她會被他的行為嚇到，要不是因為**凡事都要中規中矩**，不然就是應該只看得到他卻聽不到他。但事情全不是這樣，瑪莉蓮很快就跟他發展出了一種緊密關係。每次我們談起，她都說，她快要離不開他了。

祖孫倆如膠似漆幾個小時，唸著鵝媽媽童謠《矮冬瓜》及《二十四隻黑畫眉》，還有最棒的（重複一遍又一遍）：

嘿，滴答滴答
貓咪和費多
母牛跳過月亮
見這景象小狗呵呵笑
這會兒他們爆出歡笑大叫——
跟著湯匙碟子逃跑！

這一來，一定逗得亞德里安直在地上打滾，止不住地一陣呵呵大笑。

這樣的歡樂，充滿耐心，洋溢溫暖，無比柔情，在在提醒我，母親並不真是那樣嚴厲古板，縱使有的時候讓人有那種感覺。更確切地說，就算是要馴化我的拗脾氣，她也自有她的辦法，平和、委婉而聰明。

我知道，過去幾個月來，她和每個兒女說話，和許多朋友話別，分享特別的回憶。星期一晚上，最後一次，我們清楚地說著話，她對我說：「你是我的寶貝，你是我永遠的寶貝。」

結婚五十周年共舞於夏威夷

我們懷念

伊娃・亞隆與女兒莉莉及雅蘭娜朗誦

現場所有人複誦

當我們聞到普羅旺斯薰衣草香氣，

我們懷念她。

當我們讀到一本充滿智慧的好書，

我們懷念她。

當我們以女性的形象談到上帝，

我們懷念她。

當我們女性據有一席之地，講出我們的心聲，

我們懷念她。

當我們尊重歷史但能夠自由質疑父權社會，

我們懷念她。

當我們聽到聖敘爾比斯教堂的鐘聲，
我們懷念她。
當杏花綻放，
我們懷念她。
當下午茶變成晚上的雪莉酒，
我們懷念她。
當牛筋扒啃到剩下骨頭，
我們懷念她。
當文法警察發出傳票，
我們懷念她。
當香檳吐司跳出來，
我們懷念她。
當我們困惑、喪氣、鼓舞或歡欣，
我們懷念她。
只要我們活著，她也就活著，因為她如今已經是我們的一部分，
我們懷念她。

在俄羅斯講學旅行

23 成年人的獨自生活

瑪莉蓮死後四十天

我每天步行四十五分鐘，有的時候和朋友或鄰居，但一般都獨自一人。另外花幾個小時工作，除了寫這本書外，還與好友兼共同作者莫林·列西切（Molyn Leszcz）為《團體治療的理論與實務》即將出版的第六版編寫最後一章。多數時間，極為忙碌，不願受到打擾。由於整個心思都放在這本書上，每天早上八點就迫不及待趕著進辦公室。寫作的時候也是最快樂的時候，但卻又開始擔心起，工作一旦結束後自己的心理狀態，預期自己又將陷入深沉的悲傷。

總的來說，對於自己表現得如此之好，我不免驚訝。居然沒被自己所蒙受的喪失打倒，為什麼？對瑪莉蓮的深愛，我深有信心：世上沒有一個男人對一個女人的愛能夠比擬。過去幾個月，看著她受苦，不知多少次對她說：「我希望我能替妳生病。」我是說，我真的願意把自己的生命給她。

我一再重回她生命最後那可怕的三十六小時：依偎著她，親她的額，吻她的頰，縱使她往往毫無反應。她的死對我們兩個都是一種解脫。對她來說，解脫了不斷的嘔吐、疼痛，以及向無數她深愛的親友家人道別的極端疲憊。對我來說，則是解脫了幾個月來看著她受苦的無助。最後那三十六小時是我最大的痛：她所接受的嗎啡及樂眠錠（lorazepam），即使劑量很小，卻阻斷了她的溝通能力，當她短暫睜開眼睛，對我微笑，想要說一兩個字，卻又昏睡過去。我是多麼想跟她說說話呀！記得我還無端地對安寧病院的護理師發脾氣，怪她給的嗎啡太重，害我失去了跟她說話的最後機會。

另外一個告別的場景，一個早已經不復記憶的場景：我與癌症末期病人團體一同工作的那些年，沒由來地從遙遠的過去飛進了心裡。病人因為病重無法參加團體治療時，要求家訪的不一而足，通常我都來者不拒。一天，伊娃，一位中年婦人，卵巢癌末期，很少缺席團體聚會，提出了要求。接到電話後，來到她家門口，照護員引我進屋到臥室。伊娃剛小睡醒來，見到我笑逐顏開，聲音虛弱沙啞，要求私下跟我說話。照護員因此退出房間。

她顯得非常衰弱，原來很有力的聲音變成了喃喃細語。她說，醫生告訴她，她的來日不多，勸她去住院，她拒絕了，說她寧願死在家裡。然後轉頭向著我，伸手握住我，深深地望著，說：「歐文，最後一個要求，拜託，可以上床躺我身邊嗎？」

如果我拒絕——我永遠無法原諒自己——儘管為自己辯護，腦子裡卻升起醫療倫理委員冷峻嚴肅的面孔。沒脫鞋子，我在她身邊躺下，雙手交握，和她談了大約二十五分鐘，互道別離。為這位善良的女士帶來些許安慰，我感到值得。

回到現實，心思又轉到深埋土裡躺在棺木中的瑪莉蓮。但我既不能、也不願意把思緒停留在墓園或她的棺木，因為，我知道親愛的瑪莉蓮並不真的在那兒。

我相信自己好多了，悲傷不再。或許是混亂與絕望麻木了我。但沒過多久，收到派蒂．柏格（Pat Berger）的一封電郵。我和她的先生，鮑勃．柏格（Bob Berger），打從醫學院念書起就感情甚篤，直到三年前他過世。在他人生快走完之前，我們合著一本書《我要報警》（*I'm Calling the Police*），寫他納粹屠殺期間在匈牙利的死裡逃生。派蒂．柏格的電郵附了一張漂亮的照片，三年前瑪莉蓮攝於一株花朵盛開的木蘭下。看著那張照片，過去的幸福時光又點燃了我的悲痛，將我拉回現實。我心裡明白，未來的日子，我還有的是苦要受。

如今，雖然已經八十八歲，人生還有許多要學的：主要是學習一個成年人的獨自生活。一生中我做過許多事情——成為醫師，照顧過許多病人，教過學生，寫過書，養育了四個可愛、大方、有創意的孩子；**但長那麼大了，我從未一個人獨自生活過！**沒錯，聽起來不可思議，但千真萬確。我對自己感到驚訝，不斷重複念著：長那麼大了，我從未自己一個人獨自生活過。

瑪莉蓮和我高中相識之後，從來沒有分開過，直到她搭上火車去麻州念衛斯理學院，我們才異地而處。我留在華盛頓特區，在喬治華盛頓大學修預科課程，和父母住在一起，除了拚命用功之外，啥都不會。

我拚命用功是有道理的：那個時候，美國所有的醫學院給猶太學生的名額只有百分之五。不知從哪裡得到的消息，聽說醫學院有時候會同意特別優秀的學生在大學部只念三年即可，而非四年。這對我來說太重要了：我是非瑪莉蓮不娶的，卻又飽受哈佛學生的威脅，他們能給她許多我所沒有的——文化、財富、家庭聲望。於是，我抓住這個機會，縮短我和她分離的時間，下定決心提早一年進醫學院。解決之道再清楚不過：若我在喬治華盛頓大學連續三年全拿特優，他們就會收我進喬治華盛頓醫學院。事情果然就這樣實現！

我們念大學而分離的時日，瑪莉蓮和我保持密切聯繫：每天一封信從不間斷，偶爾通個電話（那個時代，從華盛頓打到新英格蘭的長途電話很貴，而我連一分錢的收入都沒有）。

進了喬治華盛頓醫學院後，只念了一年，我就轉學到波士頓大學醫學院，可以和瑪莉蓮更接近些。我在瑪爾波羅街租一間房，與另外四個醫學院學生合住。每個週末都和瑪莉蓮共度。醫學院第三年我們結婚了，此後，一生都是和瑪莉蓮一起生活。先是在劍橋，然後我實習時在紐約一年，念約翰·霍普金斯時在巴爾的摩三年，服兵役時在夏威夷兩年，最後到了史丹佛，在加州帕羅奧圖共度餘年。

事到如今，我八十八了，瑪莉蓮走了，我才發覺自己有生以來第一次獨自生活。有許多事情不得不有所改變。看到一個好的電視節目，就很想告訴瑪莉蓮，我一再提醒自己，瑪莉蓮**已經**不在了，這個電視節目和這個生活片段，縱使瑪莉蓮無法分享，還是值得我自己珍惜、回味的。類似的事情經常發生。一個婦人來電，要跟瑪莉蓮講話。我告訴她，瑪莉蓮已經過世，她在電話中哭起來，說她十分想念瑪莉蓮，瑪莉蓮對她有多麼重要。電話講完，我又得再一次提醒自己，這事情也只能到我為止，無法跟瑪莉蓮分享了。

但這不是在說寂寞。而是我懂了，有些事情**即使只是我一個人經歷，即使無法與瑪莉蓮分享**，並不會減損其價值、趣味及重要。

聖誕節前兩天，全家三代都回我家來——四個孩子和他們的丈夫及妻子、六個孫子和他們的丈夫及妻子，約二十個人，每間臥室、客廳、瑪莉蓮的辦公室、我的辦公室，全都睡滿了。孩子們在談晚上的菜單及活動，突然間，我僵住了：聽得到他們說話，卻動彈不得，覺得自己有如一尊雕像，孩子們越來越擔心。「爹地，你還好吧？爹地你怎麼了？」

接下來，生平第一次，我痛哭失聲，十分困難地才能說出：「她不在這裡，也不在任何地方。瑪莉蓮不知道今天晚上這裡的一切，**不會知道了，不會知道了**。」孩子們嚇得不知所措：他們從來不曾看我哭過。

家人團聚歡度聖誕節及光明節時，每個人都強烈感覺到瑪莉蓮不在了。由於人多，聖誕夜我們從附近一家中國餐館叫菜。等待晚餐送來時，我和維克多下了一盤棋。中間有點空檔，突然間，有種想跟瑪麗蓮說些什麼的衝動升起。跟兒子下棋的時候，全神貫注，棋下完了，空虛就趁虛而入。除了大二那年她人在法國，接下來連續七十年，聖誕夜我都是和瑪莉蓮一起過。那些我們一起度過的聖誕夜，所有的一切——聖誕樹、禮物、唱歌及烹調，我都感覺得到，無聲地在記憶中流淌。但今年完全不一樣了：少有歡笑，沒有聖誕樹。我覺得寒冷，站到暖氣出風口前才覺得好些。我愛這裡的每一個人，又有兒孫環繞，但卻覺得空虛。關鍵在於想念。

聖誕節，女兒負責主菜北京烤鴨，其他人做不同的菜，彼此間毫無搭配。大家都明白，許多人也都說，如果瑪莉蓮在，我們就不會叫外賣過聖誕夜，也不至於聖誕節各煮各的，弄得沒個整體性。此外，瑪莉蓮在的時候，聖誕節及光明節的晚餐都是由她帶領，講幾句正式的話，通常都是讀經。在這個第一次沒有她的節日，我們全都覺得失落：沒有正式的起頭，大家只能坐下來就吃。我懷念那儀式性的讀經，視之為理所當然，一如愛妻所給我的一切。

過去十年，每到聖誕節，孫女艾蘭娜，從她十六歲那年起，都會和我按照我母親的食譜烘焙奇熘餅（kichel）。如今艾蘭娜長大成人，念醫學院四年級，已經訂婚，今年，奇熘餅就由她帶頭負責。前一天晚上，她和我就準備好麵糰、酵母及奶油，一大早，揉好發酵的麵團，加入葡萄乾、堅果、糖及肉桂，做出三十多張鬆軟的酥餅。這一次，懷著悲傷準備一切，兩個人都想著，要是瑪莉蓮在，不知會有多愛這些餅。

這個家的規模越來越大，過去兩個聖誕節，我們都是每個人買一件禮物用抓鬮的。但今年禮物不買了，因為很悲傷，大家都沒那個心情收、送禮物。

接下來幾天，都有孩子們陪著，所以不擔心寂寞。聊不完的話，可口的餐點，下棋，拼字遊戲，打牌等等。等孩子們走了，我一個人過除夕，感覺卻出乎意料地好。我原本好靜，管得住寂寞。當午夜臨近，打開電視看各地的跨年，從紐約時代廣場到舊金山，這才突然想起，**七十年來**，這是第二個沒有瑪莉蓮在我身邊的新年（第一次是她在法國念大二）。電視上，時代廣場萬頭鑽動，歡聲雷動，我關掉聲音。沒有了瑪莉蓮，真實生活不再。我覺得沉重、悲傷，明白這無人能解。瑪莉蓮走了。我想像著她棺木中衰敗的軀體。如今，她只活在我心裡。

24 獨居

四十三天之後

無論走到哪裡，一轉身，瑪莉蓮就在面前。進到我們臥室，一眼就看到她床邊桌上的藥物。明天得叫葛羅莉亞，我們的管家，把它們清一清。走進電視間，看到一副瑪莉蓮的老花眼鏡，浴室裡另外還有幾副。她怎麼會有那麼多副眼鏡？過去幾個星期她度過大部分時光的沙發旁，無數藥瓶藥罐之外，赫然見到她的 iPhone。這些東西都怎麼處理？就和現在多數的事情一樣，我避開這些事，都交給孩子處理。

好多個星期過去了，我才逼著自己打開她的書房門。即便是她死後六個星期，還不敢深入這房間，總是避著不去看她桌上的物件。瑪莉蓮的東西，我不想去碰——不想保留——又不想去處理。沒錯，我是幼稚，但我不在乎。一直等我想到那些多年前我諮商過的失親者，才猛然醒悟，他們可沒有這等好命，有一大家子人幫忙清理死者遺物，令我汗顏不已。

有一張瑪莉蓮的照片放在臥室角落，面向牆壁。這張登在《華盛頓郵報》訃聞版的照片，十分好看，我極為喜歡，便找出底片，請攝影家兒子里德沖洗出來。他裱好了框，聖誕節帶來給我。最初幾天，我不時凝視照片，無有例外地，總是悲從中來，最後只能將照片轉過去面向牆壁。偶爾我靠過去把照片轉回來，深深吸一口氣，凝視著。她真美，彷彿口唇微啟說道：「**不要忘了我……你和我，親愛的，永遠……不忘**。」我移開目光，悲慟不已，由於無法承受而痛哭失聲，不知如何是好。

悲痛至此，我也該保重自己吧？又或是偏要深深凝視，哭泣再三呢？我心裡明白，終有一天我會將之懸掛壁上，日日凝視，我會心懷歡喜，我們四目交會，眼神互通，彼此充滿愛意，感激此生能夠廝守。打下這些文句時，淚水洗面，我停下來，擦乾眼睛，望向窗外，但見我們的橡樹枝條高舉，伸向藍天。

有好多事情都想要跟瑪莉蓮說。聽說我們光顧超過四十年的社區小藥房馬克西默歇業了，我馬上想到，把這消息告訴瑪莉蓮時她感到失望的樣子。還有，我們那兩個大兒子，好多年來從不和彼此下棋，聖誕節期間終於和和氣氣地交起手來。還有，那個始終拒絕學玩皮納克牌的兒子，現在正學著規則，開始跟兄弟和我玩牌了。無論下棋或玩皮納克牌，兩件事情都表示家人之間的感情更加和睦。啊，真想把這些事情都告訴瑪莉蓮！她一定會歡喜。

讀到別人的傷心處，才知道失親之痛的表現只怕有百百種。有一篇短文，說道丈夫的手機裡有一段逝去妻子的留言，他一聽再聽，欲罷不能。若換作是我聽到瑪莉蓮的聲音，光是那種痛，就讓我承受不住。我在想，那樣的耽溺會不會把他鎖在悲傷裡，走不出來展開新的生活。但話又說回來，或許是我想得太多。悲痛傷心，形諸於外，人各不同吧。

有一篇文章舉證歷歷：喪妻男人，未來四年死亡的比率高於妻子健在的男人，尤其是當初高度依賴妻子才能活得快樂或光彩的男人，預後更差。這一點我倒是不擔心：說來奇怪，現在的我一點都不關心自己還能活多久。過去的歲月裡，死亡焦慮之於我，可說是家常便飯，尤其是許多年前帶領癌末病人的治療團體時，死亡的夢魘至今都還記得；但今天卻一點都沒了。想到自己的死亡，我完全處之泰然。

25 性與悲傷

四十五天之後

瑪麗蓮去世不久後等待出殯的那幾天，坦克車衝撞天安門學生夢魘般的畫面出現在我腦海裡一事，現在感覺起來卻像是許久以前的事了。這些畫面持續不斷出現，使我對強迫念頭的本質與力量有了新的認識。幾天之後，坦克車及天安門逐漸消散。心思平息下來，心緒也安定了好幾個星期。

但現在，又有新的強迫念頭入侵：無論什麼時候，只要一放鬆，想要把心靜下來時，譬如說熄燈之後準備就寢的當下，充滿誘惑的情色念頭就不請自來，對象不是我認識的就是最近見過的女性。這些畫面力量強大，持續不斷。我拚命阻擋，想將之從腦海中清除，將念頭轉移到別處，但不消多久又再度浮現，再度抓住我的心思。情慾與羞恥同時將我淹沒。瑪莉蓮幾個星期前才入土，我竟然不忠至此，令我厭惡不已。

回顧過去幾個星期，我也覺察到自己一種前所未有的怪異（且尷尬）的情形：對女人的胸部產生強烈興趣，尤其是巨大的胸部。我不知道有沒有人注意到這一點，但面對瑪莉蓮許多來訪的朋友，我還非得提醒自己不可，眼睛要看她們的臉不要落在胸部。心裡浮現一幅漫畫——最初是在哪裡看到的，已經沒有印象，或許是少年時期：一個女人托著一個男人的下巴往自己的臉上湊去，說道：「唷嗬，我在這裡！」

有時候隨著這種新的衝動，以前的一幅景象，大約七十五年前——也會跑出來。過去幾天，就不時在心頭浮現。記憶中，我大約十或十一歲，不知為了什麼事情進到父母臥室，母親剛好也在裡面，半裸著身子。只見她裸露胸部，不僅沒有趕緊蓋上，反而直盯著我，彷彿在說：「儘管看吧！」

記得好多年前，我還和奧莉芙．史密斯（Olive Smith）花了不少時間討論過這段記憶。精神科住院醫師時期，奧莉芙是我的分析師，為我做精神分析超過六百小時。很明顯地，我現在的情況無關於退化，而是因為我困在極大的哀痛之中，有如哀哀求告的孩子，在尋求母親的援助。這讓我想起自己某一本書中的一句話：「佛洛伊德並非一無是處。」

這些情色的強迫念頭令我不安和羞恥，在內心展開一場爭論。對自己，對瑪莉蓮的愛，我怎能如此作賤呢？難道我的愛真是這樣淺薄？**但話又說回來，讓自己活下去，展開新的生活，不正是我現在的首要之務嗎？**然而，若為此而玷污了瑪莉蓮對我的記憶，我又覺得極度可恥。**但話又說回來，對一個一生都活在兩人世界中，如今卻發現自己落單的人來說，這種情色念頭或許是十分自然的吧。**

於是，我決定到喪偶與性的文獻中去作一番考察，但讀者或許還記得，說到現代醫學文獻的搜尋，我完全不在行。於是，我找上了一個醫學文獻的搜尋專家，也就是最近協助我和莫林．列西切修訂我們合著的團體治療教科書第五及第六版的同一個人。我請她幫忙尋找任何和喪偶與性有關的醫學及心理學論文。一天之後，她回電郵給我，說她搜尋了好幾個小時，但一無所獲……什麼都沒有……查無相關文獻！她向我致歉，並說由於工作拿不出成果，她不收取報酬。「沒這個道理！」我回她，並堅持付酬。她沒能找到任何論文，本身就是很有價值的訊息。

接下來，我找上一位史丹佛的研究助理，一位好友兼同事大力推薦的，請他也花幾個小時做這件事。結果相同的情況上演：在醫學及心理學文獻中一無所獲，我同樣堅持他要為所花的時間接受報酬。

但過了幾天，兩位研究助理都傳送了幾篇有臨床根據的論文過來，取材自較為通俗的刊物，譬如，《今日心理學》（*Psychology Today*，二〇一五年十一月號）的一篇文章，題目是〈關於悲傷他們沒有告訴你的五件事〉（作者是Stephanie A. Sarkis，執業醫師）。其中第五項顯然涉及性與悲傷：

> 性慾實際上會增強。對許多人來說，悲傷會削減性慾。但對另外一些人，卻會增強。對喪偶之痛或失去伴侶的人來說尤其如此。但一個人因悲傷陷入麻木時，他們發現性可以使自己覺得**重要**。面對死亡成為日常生活的一部分時，這也是對生命的肯定。

這幾行文字裡面，好幾個地方都點出了我的問題，特別是一個人因悲傷陷入麻木時，性可以使人感覺到自己重要這句話。「麻木」一詞精確地點出了我的情況：一種跟自己的感覺脫節的狀態。聊天、吃飯、看電視，我照常進行，但心都不在上面。倒是性的念頭比較真實，產生一種肯定生命的感覺，使我清醒，使我跳脫死亡的念頭。

我去請教了幾位與悲傷者合作頗有經驗的同業，他們都同意，性衝動及性想像之於失親者，情形之普遍超出一般的認知，儘管男人在這方面的問題往往比女人來得大，但毫無疑問地，女人也免不了。我指出，失親者很少會主動提出性慾增加的問題，臨床醫師雖然認同，但卻說，如果醫師**毫不避諱地**點出了性的問題，許多失親者的回應都是肯定的。很明顯地，失親者即使有這類情況，也都羞於啟齒，以致談到自己的悲傷時，對於性的問題，不是避而不談就是拐彎抹角說不清楚。

這總算讓我鬆了一口氣，毫無疑問地，我這種性衝動心理狀態並非罕見，性慾在悲傷中扮演了一個角色。更重要的是，要老年人敞開來談自己內心的性生活也不容易。我倒是不介意跟家人或朋友談起，幸運的是，我有我的治療師團體，幾十年來定期聚會不輟，跟他們談，大有助於緩解自己的不安。

26 脫離現實

四十八天之後

兒子班恩帶三個孫子來家裡，分別是六歲、四歲及二歲。一天晚上，三個小孫子黏在電視機前，看血淋淋的兒童動畫節目，演的是怪物、小孩、野獸及神奇的脫逃。看著覺得不舒服，我倚老賣老轉了台，找別的節目，很快就選定一個生動的動畫舞蹈「胡桃鉗組曲」。儘管孫子們咕噥抱怨，我還是停在那個頻道。幾分鐘後，神奇的事情發生，抱怨停止了，三個小傢伙全都興味盎然看著。欣喜之餘，迫不及待要把這分享給瑪莉蓮，我把電視停了幾秒，按下錄影鍵，以便瑪莉蓮自己可以看。轉回播放鍵後，孩子們繼續開心地看下去。

才過沒多久，我突然回過神來。整個人傻在那兒。**我這是在搞什麼？錄下這給**

瑪莉蓮看？瑪莉蓮走了！我提醒自己。同樣的事情發生過許多次了。

最近，一個朋友告訴我，帕羅奧圖市中心的貝爾書店正在展出幾本我的和瑪莉蓮的書，放在進門的顯著位置。第二天，我可以順道去一下書店，拿 iPhone 拍一張照片給瑪莉蓮看。還沒走到書店的街上，現實又一次提醒我——**瑪莉蓮走了**。

瑪莉蓮去世兩個月前，我們在住家的那條街上散步，看到一個新鄰居，一位挺優雅的白髮老先生，身體有點殘障，由一位年紀輕些的黑膚婦人，應該是他的照護員，幫著下前門的樓梯。

聖誕節後那天，新鄰居（我還不認識）邀我去他家聚餐，唱聖誕歌曲。抵達時，老先生和照護員迎著我。沒多久我才知道，老先生是退休醫師，那位「照護員」則擁有醫師學位及理學博士學位。此外，她並不是他的照護員，而是妻子！她甚是討人喜愛，用優美的聲音帶領大家唱聖誕歌。又一次，我第一個念頭就是：**等**

一下我要把這事告訴瑪莉蓮！直到現在我還覺得可惜，沒把這件事跟瑪莉蓮說。

昨晚獲悉英國廣播公司電視劇《王冠》（*The Crown*）的第三季已經開播。兩年前，瑪莉蓮和我看過第一及第二季。因此，我開始全神貫注地看第三季。前面兩集我看得津津有味，但第三集的場景覺得格外眼熟。經過仔細檢查才發現，我看的根本不是第三季的，而是已經看過的第一季節目。我覺得應該趕快把這件事告訴瑪莉蓮，但一轉眼回到了現實：瑪莉蓮永遠不會知道這件事了。對我漏洞百出的記憶力，她很是擔心，有的時候甚至感到苦惱。但她若聽說我看了三個小時的節目才知道是自己以前看過的，我也可以想到她那副開心的模樣，連眼睛都在翩翩起舞。走筆至此，心口一陣絞痛。我寧捨天下一切……**天下一切**……只要能看她臉上的那一抹微笑。

接到經紀人來信，提醒我以前曾經答應一位羅馬尼亞電影編劇，將我的小說

《斯賓諾莎問題》改寫成電影劇本。現在計畫改變成為一部十小時的電視劇，四百頁的劇本，需要分集。又一次，第一個念頭就是，「啊，我得趕快跟瑪莉蓮說」，一轉眼，黑暗的現實籠罩下來。我把這件大事擱了下來，心有戚戚，冷清孤寂。一事之實現彷彿還非要瑪莉蓮知道才能成事。

六十年來，我是一個全職的心理學生、觀察者及醫者，自己的心理卻如此不理性，實在很難忍受。病人找我幫助他們，各式各樣的問題都有：有的是為了感情關係，有的是為了增加對自己的瞭解，有的是為了磨人的情緒，包括憂鬱、恐慌、焦慮、寂寞、憤怒、猜疑、強迫症、單相思，有的則是為了夢魘、恐懼、焦躁——換句話說，也就是人類所有的心理難題。我指導病人瞭解他們自己，分析他們的恐懼、他們的夢、他們與別人過去及現在的關係、他們不懂得如何去愛、他們的憤怒。所有這一切的作為無非立基於一個眾所周知的基礎上：我們都能理性思考，領悟終會帶來問題的解決。

因此，這種不請自來的非理性狀況十分令我焦慮。以為瑪莉蓮依舊活著的這種心思糾纏不去，令我既驚訝又不安。對於非理性的思慮、天堂地獄及來世的神祕觀念，我一向不假辭色，斥為無稽。我的團體治療教科書就以十二項治療要素為基礎，提出了一套理性的治療方法。我的個人治療教科書《生命的禮物》（*The Gift of Therapy*），也為治療師羅列了八十五項敘述詳盡的治療要點。我的存在治療教科書，其架構則是四大存在要素——死亡、自由、孤獨及生命的意義。我的書之所以在全世界廣受採用為教科書，主要的原因就是理性及清晰。但時至今日，自己卻三番兩次陷於不理性，莫此為甚！

我以前的一個學生，現為精神醫學教授兼神經生物學家，我拿自己因為不理性心思所導致的焦灼跟他談起，他給我的回覆是，記憶之為物，已經不再被視為一種統合現象，相反地，記憶是由個別的系統組成，每個系統可以獨立運作，在神經解剖學上有各自的位置，甚至可以在彼此牴觸的情況下運作。他進一步說明了「外顯」（explicit）（或「陳述」declarative）記憶與「內隱」（implicit）（或「程序」procedural）記憶之間的對立。

外顯記憶是有意識的，依附於內側顳葉結構及大腦皮層，事關過往事物記憶的形成及記取（例如，「**我明明知道瑪莉蓮已經去世**」）。**內隱記憶**多數是無意識的，往往是技巧、習慣及其他自發性行為的基底，形成於大腦不同的部位：基底神經節管的是技巧，杏仁體管的是情緒反應。因此，我最近痛苦的外顯記憶：瑪莉蓮已經去世，在解剖學上，與我在書店看到我們的書時，要「告訴瑪麗蓮」的內隱程序及情緒衝動是不在同一部位的。

這兩種記憶獨立運作，幾乎互不理會，甚至彼此衝突。我這位同事的說法明白指出了人類行為與記憶的常態，二者雖然都是我們所不可或缺，卻不表示我的行為是非理性的。我們結髮六十五年，儘管明知她已離去，如果在我看到我們的書時沒有告訴她的衝動，那才真是奇怪。

一個人一輩子以自己的妻子為榮，這事並非凡人皆然。但以我來說，卻是事實，千真萬確。無論什麼場合，我都以她為榮。我以身為她的丈夫為榮。於我心目中，瑪莉蓮的雍容與學識乃上天所賜。記憶中，無論大庭廣眾的禮堂講演，或我家客廳的沙龍講談，她何等美好。無論場合，無論競爭，她出類拔萃。

她是一個非常好的母親，深愛她的四個孩子，對他們無比慈祥，無比寬容。就我一生的記憶，她與孩子之間不曾有過任何不好的互動，一次都沒有。至於我們的關係，我曾經有所厭倦或不滿嗎？從來沒有！我總認為一切理所當然，直至今天，雖然她已死去，對於自己能與她共度此生，我感到無比幸運。

自她死後，好多個星期過去了，對她的思念未曾稍減。我不斷提醒自己，傷痛的療癒很慢，我看過的那些病人，哪一個不是歷經了好幾個月的時間方得以平復。但話又說回來，像我們這樣年少結髮，白首偕老又感情至篤的夫妻，我還真的沒碰到過。

想到這，對自己往後的日子，我不免又擔心起來。

27 麻木恍惚

五十天之後

麻木恍惚依舊。孩子們來看我。我們在附近散步，一起下廚，下棋，在電視上看電影。但我仍然心思恍惚。跟兒子們下棋，無法用心投入，輸贏都無所謂。

昨晚在社區打了一場撲克比賽，我和兒子里德兩個人上場。和兒子一同上陣跟成年人打牌，這還是生平第一次。我一直喜歡撲克，但在這個節骨眼上，對於這次比賽卻擺脫不掉心思的恍惚。我知道聽起來挺沮喪的，但看到兒子里德贏了三十美元高興的樣子，我還是感到開心。走路回家時心裡想著，到家了真好，有瑪莉蓮迎著，可以告訴她我們的兒子贏了撲克。

第二天晚上，我想做個實驗，在屋裡擺上一幅瑪莉蓮的照片，一邊和兒子及媳婦看一部電視影片。但過不了幾分鐘，覺得胸口緊，便又把瑪莉蓮的相片放回看不見的地方。電影持續，心思恍惚依舊。大約半個小時之後，才發現幾個月前瑪莉蓮和我已經看過這部片子。當下沒興趣再看下去，卻突然想起瑪莉蓮十分喜愛這部片子，於是一個莊嚴的念頭升起，為了她我應該看完全片。

我注意到這一天的最初幾個小時，恍惚消退了，整個人沉浸在這本書的寫作及身為一個治療師的工作上。今天來諮商的是一位婦人，晚了二十分鐘進我的辦公室，說出了她的兩難：「我愛著兩個男人，一個是我先生，另一個是去年愛上的。我不知道哪一個才是**真愛**。今天和這個在一起，覺得他才是我的**真愛**。然後，換了一天，又覺得另外一個也是。」

她談論自己的兩難許久，諮商過了一半時間才注意到，並提到她看到了我妻子的訃聞，感謝我在這樣為難的時候願意看診。「很抱歉，」她說，「在您受到這樣巨大傷痛的時刻，我還拿**我的**問題來麻煩您。」

「妳這樣說，我十分感激。」我回答道：「但那已經有段時日了，何況我發現，如果我能有點事做而且又能幫助別人，對我反而是好事。說起來也巧，正因為我自己有著悲傷所造成的問題，對別人反倒有所幫助。」

「怎麼會這樣呢？」她問道：「難道您想到了什麼事，對我是有幫助的？」

「是或不是，我還不太確定。讓我琢磨一會兒。這樣說吧……我知道，由於我涉入了妳的人生，讓我也暫時脫離了自己的人生。同時，我在思考妳所說的話，妳不瞭解自己，所以才不知道這兩個男人哪個是妳**真正**想要的。我一直在想妳所說的**真**愛。這也許不是重點，但我相信自己的直覺，我不妨告訴妳，我們所談的東西於我內心有很大的感觸。

有很長一段時間了，我都這樣覺得，一件事情往往只有我告訴我妻子之後才覺得是『真實的』。好像她不知道，事情就不算是『真實的』。當然，那完全不理性，因為我妻子已經不在了。這事怎麼會對別人有幫助，我不知道，但有一點是可以確定的：**決定事情是不是真實，完全在於自己，而且只有自己**。妳看這對妳有沒有什麼意義？」

她似乎陷入沉思，然後，抬起眼睛看著我說：「您是**在說**我。如果您是說我不相信自己對真實的判斷，所以寄望於別人——或許是那兩個男人中的一個，或許是您，來確認什麼才是**真實**，那您就說對了。我的先生軟弱，**我**說什麼他都順從，什麼都聽**我的**。另外一個男的比較有主張，事業很成功，很有自信，讓我覺得比較安全，比較有保障，相信他的判斷。但我也知道，他酒精上癮有很長一段時間了，現在雖然參加了匿名戒酒會，滴酒不沾，但至今也只是幾個星期而已。我想我明白了，我不應該靠他們兩個來為我確認真實。您的話讓我瞭解，**確認什麼才是真實的是我自己的事——是我自己的工作和責任。**」

諮商要結束時，我建議她不要太快做決定，應該繼續治療，深入地處理。我為她推薦了兩位傑出的治療師，並請她隔幾個星期給我電郵，讓我知道她的情況。對於我這樣的分享，她深受感動，說這一個小時對她意義重大，覺得意猶未盡。

28 叔本華的幫助

六十天之後

我感覺得到，橫在我面前的會是一段漫長的黯淡時日。由於從事個人及團體治療，與失親者一同工作多年，我十分清楚在病人獲得具體改善之前，一整年當中的重大日子，舉凡生日、聖誕節、安息日、新年，以及單身赴會的社交，必定都是首次自己一個人度過，沒有配偶陪在身邊。有的病人甚至還需要第二年，即第二個周期。我審視自己的情況，特別是自己和瑪莉蓮的結合那樣久遠和緊密，我知道，自己正面對著人生中最黑暗最艱困的一年。

日子過得緩慢。儘管孩子、朋友及同事竭力保持聯繫，但訪客已經稀落，我自己也沒有什麼欲望或精神去找別人。每天讀完傳進來的電郵後，大部分時間都投入在這本書的製作，往往做到不敢停下來，因為不知道其他還有什麼能做的。儘管會和朋友或孩子吃飯，但那也只是偶爾，越來越常獨自一人用餐，並度過夜晚時光，也常一成不變地以閱讀小說結束一天。最近開始看威廉·史蒂隆（William Styron）的《蘇菲亞的選擇》（*Sophie's Choice*）。但兩個小時後，我明白，書的後半部會落在奧許維茲（Auschwitz）。就寢前讀大屠殺，那可是我最不想要的事。

《蘇菲亞的選擇》擺到一邊，正當找其他小說時，心血來潮，心想也許是時候重讀一些自己的作品了。搜尋瑪莉蓮整齊擺放我作品的書櫃，拿起四本小說：《當尼采哭泣》、《叔本華的眼淚》、《診療椅上的謊言》及《斯賓諾莎問題》，隨手翻讀。

啊，寫這些書，令我喜不自勝！是我人生的高峰！回憶這些書誕生及寫作的過程和地方，第一個跳出來的回憶是錫魯埃特（Silhouette），塞席爾群島一個可愛的小島，《當尼采哭泣》的第一章就是在那裡寫的。然後又想到在阿姆斯特丹團體治療講座結束後，瑪莉蓮和我長途開車遍遊荷蘭，在萊茵斯堡（Rijnsburg）參觀斯賓諾莎的書房之後，回阿姆斯特丹的路上，《斯賓諾莎問題》的整個大綱在我腦海中浮現。

記憶回到我們拜訪叔本華的出生地，以及他在法蘭克福的墓地和雕像時，我發現自己對《叔本華的眼淚》居然所記不多——比起自己寫的其他小說，少多了。於是決定重讀一遍；重讀自己所寫的小說，這也是第一次。

一開始讀，感觸就很強烈，大體上來說是正向的。故事發生在一個治療團體，真正令我關心的是小說的主角，六十六歲的朱利斯，是一位團體治療師，而且知道自己罹患了絕症黑色素瘤的一個老人，正在回顧自己的一生（不妨這樣想一想：此刻的我，八十八歲的年紀，讀著自己寫的一個六十六歲的**老人**，面對著死亡）。

全書有兩個焦點輪替，一章寫一個治療團體的故事，接下去一章就寫叔本華，一個極度神經質的聰明人。我筆下的這個現代治療團體，裡面有一位成員，菲力普，是一位哲學家，不僅教叔本華，而且特立獨行一如叔本華。因此，這本書不僅跟讀者談叔本華的生活及工作，也在探討一個問題：對叔本華這樣一個傳奇性的悲觀主義者、懷疑論者，現代的治療團體是否幫得上忙。

讀《叔本華的眼淚》，對我而言，是具有強效的治療。頁復一頁，我變得更平靜，也更滿意於自己的人生。目光所及，但見自己的句子結構嚴謹，用字精煉，對自己的成功吸引讀者深信不疑。我這是怎麼做到的？寫這書的老兄，智慧可是遠勝於我，對哲學與心理治療的瞭解也勝過我甚多。書中有些句子令我為之傾倒。這會是我寫的嗎？當然，當我繼續讀下去，一些批評就冒出來了，譬如，為什麼在前面幾章裡面，我引述了那麼多叔本華對宗教的抨擊；為什麼我要不遺餘力地打擊有信仰的讀者？

我驚訝地發現，原來這小說很多都是在寫我自己的人生。朱利斯，那位團體治療師，我給了他很多我自己的特質和屬性，以及我自己的過往經歷。跟我一樣，人生早期有過一段人際關係不好的時期。此外，他喜歡賭博，他投注過我高中時期賭過的棒球彩券。甚至他喜歡的棒球員也是我崇拜的：喬伊・狄馬喬及米奇・曼托（Mikey Mantle）。小說裡，治療團體中有位婦人，我給她的則是我與葛恩卡來往的經驗。葛恩卡，一位優秀的內觀教師，在印度伊加浦里（Igatpuri）十天靜修期間認識的。小說的這一部分完全是自傳式的，忠實地描述了一趟留給我深刻印象的印度之旅。記憶中，這類如此清晰鮮明的經歷，再也沒有了。

我規定自己每個晚上只看一章，並拉長了讀小說的時間。如今，每當夜晚來臨，我都迫不及待。老化的記憶，第一次成為一項優點：書中的情節大多都已不記得，因此，每一章的重讀都帶來驚奇及歡喜。感覺起來，小說就是一本強而有效的教學指南，可以把團體成員人際關係問題的發現、釐清及轉變陳述說明得一清二楚。回想起來，也正因為太過於強調團體治療的教學，在我的作品中，這本並不是瑪莉蓮的最愛。這也讓我想起了莫林．列西切，我的好友，也是我的團體治療教科書第五及第六版的共同作者，帶領我兒班恩及他的劇團成員，將治療團體即興改編成劇本，在美國團體治療協會年會中盛大演出。何等愉快的一次冒險！

繼續夜讀，讀到二三八頁，看到團體帶領人朱利斯的一段告白，為之目瞪口呆：

念醫學院時，我和高中時交往的女友瑪麗安結婚，十年前，她在墨西哥的一場車禍中死亡。說老實話，那次事件所造成的驚嚇，我真的不知道自己是否已經克服了，但令我驚訝的是，我的悲傷卻發生了一種怪異的轉變：我體驗到了一種性慾的巨大勃發。

當時我並不知道性興奮是面對死亡時的一種尋常反應。從那次以後，我就常碰到悲傷的人充滿性慾。我曾經和一些嚴重冠狀動脈血栓的人聊過，他們告訴我，他們的性衝動強烈到在救護車送他們去急診時，對女性醫護人員毛手毛腳。

小說人物在瑪麗安死後的這種「性慾勃發」，以及「許多悲傷的人充滿著性慾」的觀察，居然出現在我自己二十年前寫的書中，早已預言了瑪莉蓮死後我自己的經歷，以及我和研究助理好不容易才在心理治療文獻中找到的東西。但這本寫於當年我帶領喪偶治療團體時的書，等到要應付自己的悲傷及隨之而來的性慾高漲時，卻全都從記憶中消失了。

隨著每夜的閱讀，眼見自己以前寫的一個精彩故事，如今卻給自己提供了巨大的幫助。此外，還為自己的團體治療指南寫下了一個最佳的版本，對此我越加感到無比欣慰。最初寫這書時，我就是想要寫一本教學小說，對象是初學哲學及團體治療的學生。以叔本華為範本，我塑造了一個問題病人，菲利普，一位精通叔本華作品的哲學教師，他決定轉換跑道，做一名哲學諮商師，而訓練計畫是要求他以病人身分加入一個治療團體。一如真身的叔本華，菲利普有著孤僻型人格，冷漠不群，獨來獨往，無論問他的意見或看法，或要他談談別人，都有極大困難。每問到他的意見看法，都說沒有。朱利斯，團體帶領人，通常都用我最喜愛的一招幫助這類病人活過來。他問菲利普：「剛才發生的事，如果你**提出了**意見或看法，事情**會**是怎樣？」

這本小說迄今仍有人讀，已經翻譯成三十種語文。但這本小說到底是在哪裡寫的，我壓根記不得了。如果瑪莉蓮還在，一定能馬上告訴我。

29 拒絕承認

六十三天後

瑪莉蓮去世九個星期了，但在悲傷的處理上，我卻少有進展。如果我用心理治療來看自己，我會說歐文，亞隆有著嚴重的憂鬱。他懶得動，感覺遲鈍，多數時間感覺絕望，體重減輕，生活無趣，不耐孤獨，還有最重要的，在妻子已死這件事上他始終跨不過去。他說，他知道自己至少要一年才走得出來。他覺得格外寂寞。他知道跟外界接觸很重要，卻極少主動向外尋求。他對任何事情都不感興趣，沒有強烈活下去的意願。他胃口很小，加熱冷凍食物就當成一餐，大部分都是有什麼就吃什麼。他一向愛看電視，但最近在電視上只看了兩場澳洲大滿貫，而且他的偶像羅傑・費德勒（Roger Federer）一輸，就不看了。年輕球員他知道的沒幾個，也沒有興趣知道。

以上，是我對自己的客觀觀察。沒錯，我是有嚴重的憂鬱，但還沒有到危險程度。我相信，時候到了我就會好起來。我曾經陪許許多多寡婦及鰥夫走過絕望，多少知道未來會怎麼發展。我沒有自殺的危險，儘管我並不怕死。我最可能死於致命的冠狀動脈血栓，我承認，此時此刻，大致上來說我欣然接受。

目前，我正讀一本最為有趣的鰥夫回憶錄，《鰥夫筆記》（*The Widower's Notebook*），作者喬納生・桑勒佛（Jonathan Santlofer），我發現自己有許多地方和作者一樣。作者在妻子去世幾個星期之後（大約就是我這時候），第一次外出社交，許多女人跟他打情罵俏，弄得他很不自在。他明白自己的機會大好：條件好的鰥夫不多，寡婦卻不少。但他感到困惑：該不該回應女人的性邀約？那樣會不會是對去世妻子的背叛？對他的這種兩難我了然於心，瑪莉蓮去世以來，這幾個星期和我接觸過的女人一一浮現。

瑪莎，法國學者，六十來歲，瑪莉蓮的老朋友，邀請我在附近一家餐廳見面吃飯。瑪莉蓮和我常跟瑪莎夫婦來往，當她一個人來赴約時，令我驚訝（還帶點竊喜）。後來才知道，她先生去東岸旅行了。我們邊吃邊聊，甚是投契，她講了許多她自己的事，都是我不曾知道的。

瑪莎是一個聰明的女人且格外爽朗，我一向喜歡她，欣賞她。用餐時，發現自己對她的好感更勝於之前，她不時觸碰我的手，讓我覺得有一點——不，不止一點——被撩起來了。由於不再夜間開車，我搭 Uber 去餐廳，她堅持送我回家，儘管和她的住處是反方向。回家的路上，我覺得興奮起來，掙扎著想請她進家裡去……接下來……接下來……天知道會發生什麼事？但感謝上帝，內心一陣交戰之後，打消了念頭。

稍晚，躺在床上等待入睡，想起晚上的經歷，腦中轟然一響，有如大夢初醒：「你那麼輕易就把自己當成是鰥夫喬納生・桑勒佛的第一次單身世界之旅了呀，但記住，**他可是六十多歲的人**。你心裡可要有數，你**八十八歲了**。沒有哪個女人，尤其是像瑪莎這樣有著愉快的婚姻，還小你二十五歲的女人，會看上你的，更何況是一個眼看沒幾年好活的人。打從開天闢地以來，哪有女人會看上一個八十八歲的老人！」

再清楚不過了，誰不知道我沒幾年好活了。八十八歲，我還有多少時間呢？或許一年，兩年，或三年。八十八，在我的家族裡面算是高壽。母親死於九十歲，但除她之外，到目前為止，我是活得最久的亞隆。亞隆家族的男性先人都死得早。父親五十多歲時差一點死於冠狀動脈血栓，但也只活到六十九。他的兩個兄弟都死於五十五、六歲。我的平衡有問題，走路要靠枴杖，胸口植了一付金屬節律器指揮心跳，我居然會認為有六、七十歲的女人會看上我？純粹的幻想！**我卻拒絕承認**。我被自己的幼稚嚇到了。當然，想都知道，推動否認的那股力量是死亡焦慮——是我探討及書寫了許多年的東西。

30

走出去

八十八天之後

這個星期，有巨大的改變！一星期來，每天都有活動！不是我主動，而是我接受每一項邀請。我意識到，唯有自己主動找事情做，才是真正改善的開始。

星期一，始於一項電郵的邀請：

大家好！

歡迎參加巴倫公園老人會午餐

時間：二月十一日下午一時

地點：街角烘焙小館，帕羅奧圖加州國王大道三三七五號

櫃台點餐，老人九折優惠

在這一帶住了將近六十年，接到這類邀請還是第一次，心想可能是寡婦鰥夫一類的聚會活動，不知道透過什麼機制，我現在也成了其中的一員。生性內向，我通常不會一個人去參加這類活動，但如今孤家寡人一個……所以……有何不可呢？老人聚餐！無疑地，我是一個老人，八十八歲，有可能還是裡面最年長的。我無法想像會有哪個人九十歲了，還會自己一個人來參加這類活動。

一旦決定去了，雖然連自己都感到驚訝，但心想，或許可以經歷一些值得的事情，也好寫進這書裡面。而且再怎麼樣，應該都比另一頓獨自吃的喬氏超市即食午餐好。

街角烘培小館距離我家只有幾個街口遠。總共來了二十個人，十五位女士，五位男士。每個人都歡喜地迎接著我，熱情洋溢，不出幾分鐘，我就感到自在，比自己預計得還快些。一切順心，和睦有如鄰居。話題有趣，食物也可口。

我很高興自己去了，很有可能下個月的活動還會參加。心裡想著，每天在離家一條街遠的公園散步也許會碰到那些女士。感覺起來，這或許是踏出去走入新世界的第一步。

星期二，出席一個男性團體的定期聚會，結束後，藍迪，成員之一也是好朋友，開車載我去史丹佛書店，參加傑出的哈佛精神科醫師及人類學家凱博文（Arthur Kleinman）新書《照護的靈魂》（*The Soul of Care*）的讀書會。凱博文談「照護」（其中不包括現代醫療），以及新書中敘述他對罹患罕見致命失智症的妻子八年來的照顧。他的談話、優雅，以及對提問答覆周詳，我都喜歡。

買了他的書，跟著排隊請他簽名。輪到我時，他問我名字。我回答時，他凝視我良久，在書上寫下：「**歐文，感謝您為照護立下的典範——凱博文**」。

我覺得感動和榮幸。記憶中，我不認得他。他提到過，一九六二至一九六六年時，他就讀史丹佛醫學院。或許曾經上過我的課。記憶中，他當學生的時候，我為醫學院學生開過八堂會心團體的課。或許可以發電子郵件問他。

星期三，在史丹佛教職員會館，跟同事兼好友大衛．史皮格爾吃中飯。瑪莉蓮生病期間，我至少有一年沒來這裡，連這裡的宜人氣氛都忘了。四十五年前，在一場精神醫學會議上聽到大衛發言，對他的敏銳思路及豐富學問印象深刻，因此大力推荐他加入史丹佛精神醫學團隊。多年下來，我們成為莫逆。

星期四，再度來到教職員會館，與丹尼爾．馬森（Daniel Mason）共進午餐。馬森是精神醫學系新進的年輕成員，也是有才華的小說家。由於我弄錯時間，早到一個小時，於是走到只有幾分鐘距離的史丹佛書店，搜尋新書，其樂無窮，覺得有如李伯大夢初醒。晚上，我們的老友瑪莉．費斯提納來家裡晚餐，一同觀賞了金州勇士隊的籃球比賽。

星期五，與另一位朋友一起吃中餐。

星期六，跟一位訓練員度過我在史丹佛健身房的第一個小時。女兒伊娃來過夜。

星期天，兒子里德跟我下了幾盤棋。

到目前為止，這是我最活躍的一個星期，我注意到，瑪莉蓮較少縈繞我心。寫到這裡，發現已經兩天未看瑪莉蓮的照片，立即停下手邊的事，從辦公室步行三十七公尺回到屋裡。瑪莉蓮的照片放在客廳地板上，仍然面向牆壁。我將它轉過來，為之驚艷。心想，縱使置身百美群中，我眼中也只見她一人。

看來這個星期或許是個兆頭。我不再那樣折磨自己，已經比較少想念瑪莉蓮了。**最重要的是，我不再認為她會知道我比較少想念她**。

我看了瑪莉蓮去世二十天後我所寫的筆記：

安寧病院的社工星期五要來家裡做失親拜訪。有些老規矩，如果我真當

瑪莉蓮・亞隆

回事，或許對我有所幫助，難道真是如此嗎？舉例來說，瓊-迪帝昂（Joan-Didion）的書《一年的神奇生活》（*A Year of Living Magically*），談到一個處理衣物的老規矩。我完全沒管這事，全都交給了女兒及媳婦，甚至不聞不問。對這些規矩我一概不碰。或許，所有與瑪莉蓮有關的事我都應該參與才對，包括她的衣服、書籍和首飾，而不應該置身事外。我進進出出客廳，一遍又一遍凝視瑪莉蓮的照片，免不了又是淚水盈眶，順頰而下，心如刀割。但一點用都沒有，同樣深陷悲痛的洪流。為什麼，我總是這樣折磨著自己？所有脫離現實的這一切，令人訝異。瑪莉蓮始終縈繞我心。她真的就這樣死了，不再存在這世界上，我完全無法理解，說什麼都不相信。

如今在瑪莉蓮死後八十八天讀著這些，看著她的照片，再次被她的美征服，想要摟著她，貼胸抱住她，親吻她。但淚眼不再，椎心之痛不再，悲痛的洪流不再。沒錯，我知道自己再也見不到她。沒錯，我知道死亡在等著我，死亡等待所有的生命。然而，瑪莉蓮去世以來，死亡甚至不曾進入我的心思。儘管這些想法無比沉重：我沒有因恐懼而倒下。這乃是生命與意識的本能。我感謝自己擁有的一切。

31 猶豫不決

九十天之後

和其他失去妻子的人一樣，我也有著猶豫不決的問題。我拚命閃躲，不肯下決心。在帕羅奧圖住了幾乎六十年，過去三十年來，在舊金山也有一個小公寓，每個星期都會過去住幾天，星期四和星期五在那兒看病人。瑪莉蓮會在星期五下午來會合，一同在舊金山度週末。但瑪莉蓮生病以來，我就再也沒有花一個小時去舊金山，那邊的房子就這樣空著，除了孩子偶爾去住。

舊金山的公寓及辦公室該留下來嗎？這問題經常在心裡浮現。如今，縱使瑪莉蓮已經去世三個月，我不曾離開過帕羅奧圖一步。不知怎麼回事，彷彿要我走上一趟都覺得難。開車上高速公路，我早已覺得不安全，但搭 Lyft 或 Uber 或火車去也很方便。房子是在一座滿高的小山丘頂上，光是走上山或走下山，我都懷疑自己是否做得到，畢竟平衡不好了。若是非要走一趟舊金山不可，我想像自己的心情，就算沒有平衡問題，走路也沒有問題，直覺告訴我，我還是會拖一天算一天。這一點都不像我的個性，我幾乎不認得一向爭強好勝的自己了。

公寓的管理費及稅金都不便宜，繼續這樣付下去，我還真有點捨不得。但又告訴自己，公寓的增值或許可以打平這些花費。就和多數事情一樣，我把它丟到一邊，如此這般，幾乎什麼事都拖著不做決定。

汽車也有同樣的問題。車庫裡有兩部車，車齡都是五年：妻子的Jaguar和我的Lexus敞篷車。車子放著很少用卻要繳稅及保險，再傻不過了，這我知道。對於夜間開車我已經完全沒信心，只有白天到附近拜訪朋友或採購時才用得到。或許該把兩部車都賣了，換一部安全性較高的，譬如有盲點偵測系統的，免得三年前的嚴重車禍重演。一天，跟兩位老撲克牌友吃中飯，我們一起玩牌起碼有三十年了，其中一人擁有十幾間汽車行，我請他檢查我的車，開個價錢，並為我選一部新車。總之，就是希望他替我做決定。

從一年前瑪莉蓮生病以來，我就沒有出去過，除了去史丹佛書店看書——沒看過一場戲，聽過一場音樂會，或看過一場電影。我一向愛上劇場。最近，聽說有一齣好戲在附近社區上演。但等到我改掉了拖延的習慣，戲已經下檔了。其他這種凡事拖延的例子，多不勝數。

我收到一份電郵，內容是史丹佛終身教育課程，我對兩門課都十分感興趣：一是「生命的意義：齊克果、尼采與摩爾」，另一是「美國文學巨匠」，後者的授課教師是我的朋友，麥可・克萊斯尼（Michael Krasny）。兩門課聽起來都很棒，我心裡卻想，晚上要怎麼去。如果是在車子到不了的大樓，或是要在晚上走很長一段路，對我來講不可能，那該怎麼辦？我告訴自己，最好先去瞭解一下。但還有一個選擇，那就是拖，拖到兩門課都上不成。

如此這般，儼然就是在等待有個人來拉我一把。宛如一個無助的小孩。或許是我滿腦子遐想，我的無助最後會把瑪莉蓮給叫回來。自殺，我絕不會，但我相信，我從未像今天這樣理解並體會一個自殺的人的心理。

突然間，我腦海裡浮現一個人，一個老人獨坐，看著一輪絕美的落日，整個人完全融入周遭的氛圍，神遊物外。啊，我羨慕他，多希望自己就是那個人。

32 讀自己的作品有感

九十五天之後

心情又開始趨於黯淡，鑑於讀《叔本華的眼淚》頗有幫助，我決定另讀一本自己的作品。瀏覽書架時，說起來挺奇怪，最不熟悉的書反倒是我最新的作品，《一日浮生》，一本心理治療故事集，問世才五年。我採取之前的閱讀模式：只在每天晚上睡前閱讀，且只讀一章。一如以往，讀我自己的作品頗有療效，我打算盡可能地延續下去。作品包括一篇前言、一篇後記、十二則故事，我期待接下去的兩個星期，因一卷在手，焦慮與沮喪俱皆緩解。

封面及封底的推薦，全都出自我備極尊敬的傑出人士。從未想到這本書居然是我最好的作品，無論如何，我所受到的讚譽在這裡算是到頂峰了。讀到第三個故事

〈阿拉伯式舞姿〉，講的是我和娜塔莎，一位雍容的俄羅斯芭蕾舞者的互動，令我困惑的是，一時之間我對她竟然毫無記憶。剛開始，還在想自己是不是把索妮雅寫進了小說裡。索妮雅，瑪莉蓮的好友，也是一位雍容的芭蕾舞者，羅馬尼亞人。但繼續讀下去，印象越來越清晰，娜塔莎確有其人，我只看過她三次，努力想要把她從一場失敗的愛情中拉回來。

故事接近尾聲的地方，有一段話特別引起我的注意。當時，諮商接近尾聲，我問娜塔莎有沒有問題要問我。

她問了一個問題，相當唐突：「都八十歲的人了，眼看終點越來越近，您都是怎麼應付的？」

我回答道：「叔本華有一句話，把激情比做使人盲目的太陽。人到晚年，當激情消沉，沒有了太陽的掩蓋，我們才開始注意到美麗的星空。」

下一頁，我讀道：「我珍惜純粹知覺的樂趣，而且我夠幸運，可以與我妻子，一個我們相知了一生的人，共同擁有這一切。」如今讀到這幾行，我再一次明白，我現在該做的，就是好好珍惜自己的純粹知覺，**完全靠自己，儘管沒有瑪莉蓮的分享**。

與娜塔莎的互動雖然如在眼前，但不管我怎麼回想，卻完全記不得她的容貌。許多年來，我一直有種想法，一個人唯有在世間不再有人記得時，他才是真正的死亡。這也就是說，就瑪莉蓮和我來說，只要我們的孫兒女還活著，我們就會持續存留。或許，這也是我此刻感到悲哀的地方，許久以前認識的一個病人，卻記不得她的容貌了。就好像我放掉了某一個人的手，任其飄逝於空無。

另外一個故事〈謝謝妳，莫莉〉，開場於跟我工作許久的個人助理莫莉的告別式。告別式上遇到艾溫，一位我曾經治療過一年的病人。談起來才知道他也是莫莉的雇主。莫莉為我工作約十年，她的容貌我清楚記得，但艾溫的就想不起來了。其實，所有的十個故事都是同樣情形，縱使故事情節依稀在目，甚至還沒讀到最後，結局已經了然於胸，每一張臉孔卻都邈邈難尋。

同樣地，在〈謝謝妳，莫莉〉裡面，艾溫第一次與死亡照面的那一段也引起我極大的注意。艾溫讀七年級時，班上有個同學是個白化症病人，「大耳朵，隨時都立正站好的粗硬頭髮，明亮的棕色眼睛充滿好奇」，但好幾天沒來上學了。一天上午，老師在班上宣布他的死訊，死於脊髓灰質炎。這裡，我把自己的部分人生經歷給了我的人物艾溫：我清楚記得，上七年級時，一個名叫L．E．鮑爾（L. E.

Powell）的白化症男孩，是我認識的人當中第一個去世的。特別值得注意的是，儘管我只是知道這個人而已，但七十五年過去了，卻還記得他的名字，也記得他午餐吃的是他母親為他準備的黃瓜三明治。黃瓜三明治，我從所未見，以後也沒再聽過。至於七年級的其他同學，一個都不記得了。無疑地，之所以還記得L．E．鮑爾，跟我早年獨自與死亡的想法抗爭有著密切關係。

第七個故事有著一個好記的名字〈放棄指望過去會變好〉。當然，這可不是信手拈來，而是繚繞了好長一段時間的想法。但我知道，這個短句與治療過程關係之密切，無有其他可以比擬。故事裡面，我與一位極有才華的作家合作，許多年來，她埋藏了自己的作品及才華，如今重讀，感觸尤深。

第八個故事〈去你的，你才得了絕症：向艾麗致敬〉，我大部分內容都忘了，重讀之下，依舊引人入勝。艾麗患的是轉移性癌症，第一次諮商結束時，她深深吸一口氣問道：「**我心裡在想，您是否願意在我死前陪著我？**」艾麗的故事喚起了我多年前的回憶，當時我整個人深陷死亡焦慮之中。回想起來，令我驚訝的是，在我自己接受的治療中，居然甚少提及恐懼。在我接受過的六百個小時的分析中，我從來不曾提到過這個話題，一次都沒有。之所以如此，最有可能的原因是我的八十歲歲分析師，奧莉芙·史密斯，她自己想避開這個話題。二十年後，我開始與轉移性癌症病人合作，陪伴許多病人直至去世，我自己也開始經歷了強烈的死亡焦慮。當時，我開始跟羅洛·梅做治療，多數都是放在死亡焦慮的問題上，但總是效果不彰，儘管羅洛·梅不斷鼓勵我更深入地去挖掘。多年下來，我們成為至交，他才告訴我，在我們的治療中，我在他的內心也引發了強烈的死亡焦慮。

艾麗的癌症是惡性的，我驚訝於艾麗與死亡搏鬥的韌性，她的對策是一套接受現實的理念，力量十足：

生命無常——凡人皆如此。

我的功課，就是活下去至死亡為止。

我的功課，就是與自己的身體和平相處並鉅細靡遺地加以珍惜，

唯其如此，才能從這個穩定的核心出發，有力而開闊地向外發展。

或許，對我的朋友和親人，我可以是一個死亡的先行者。

我決心做我孩子們的模範——一個懂得死亡的模範。

如今回顧起來，她的勇氣及她的文字力量如此令人振奮。她死時，我並不在場。當時，我休教授休假三個月，正在夏威夷寫書。對此我覺得遺憾，失去了與一位心靈偉大的婦人一次特別的交會。如今，身在哀傷之中，覺得與自己的死亡更加靠近，也因此發現艾麗的許多話深得我心。啊，但願我能在心裡再度見到她的容顏，讓她活過來！

33 哀傷治療的七個進階課題

一百天之後

知道我在尋找好小說的朋友，最近給了我許多有趣的建議，但為了使讀自己作品的療效得以持續，我便挑了《媽媽和生命的意義》（*Momma and the Meaning of Life*）出來，這是一本故事書，二十年前寫就，迄今未再讀過。掃過目錄，看到第四個故事的題目〈哀傷治療的七個進階課題〉，我大吃一驚，簡直就是震撼。啊，八十八歲的悲哀！這個故事與我現在的哀傷如此關係密切，我怎麼居然給忘了。何況那還是書裡篇幅最長的故事。我立刻開始閱讀。才讀幾行就勾起了回憶，整個故事湧進腦海裡。

故事開始，是我和一位好友也是系上同事的對話，他請我治療艾琳。艾琳也是朋友，史丹佛外科醫師，由於丈夫腦部有惡性腫瘤，無法動手術。幫朋友的忙，我義不容辭，但把朋友當成病人卻有些棘手：我會掉進每個有經驗的治療師都避之惟恐不及的麻煩裡。雖然聽到警鈴在響，卻又有心幫助朋友，我便把警鈴音量轉低。此外，這樣的要求也不是不合理：那段時間我正深入做一項研究，探討八十名喪偶者團體治療的效果，朋友和我自己都相信，治療師當中，瞭解喪偶如我者恐怕沒有幾個。另外還有一點更具說服力：艾琳告訴我朋友，以我的靈光，治療她不作第二人想——一擊中的，正中我虛榮心的要害。

第一次諮商，艾琳就一躍而入深水，講了她前一晚上作的一個夢，一個令人震驚的夢：「我準備上課的教材有兩個完全不同的文本：一是古代的，一是現代的，題目相同。要上的課我還沒準備，因為兩個文本我都還沒看，尤其是古代的那個，那是為第二個文本準備的。」

「記得文本的名稱嗎？」我問。

「當然。」她立刻回道：「記得很清楚：兩個都叫**枉死**。」

這夢讓我想到「智力的珍饈」，諸神所賜的一份禮物——一個有腦筋的偵探白日夢成真。我直截了當問道：「妳說第一個文本是為第二個準備的。這些文本都講些什麼，妳都心裡有數囉？」

「豈止心裡有數！我**完全**知道它們在講什麼。」

我等她繼續講下去，她卻一聲不吭。我又哄又勸：「文本講的是……？」

「我弟弟死於二十歲是古代文本，我先生將不久人世是現代版本。」

後來我們多次談到這個「枉死」的夢，也談過她決心不讓別人跟她親近以免傷到自己。年輕的時候，為這個原因她就決心斷絕親密關係。不管怎麼說，她到底還是把自己委身給一個四年級就認識了的男人，嫁給他，而如今，他卻要死了，這未免也太快了。第一次會面時，從她的生硬、冷淡及說話有所保留，我就清楚意識到，她有意與我保持距離。

她的丈夫去世後，也是第一次諮商幾個星期之後，艾琳講了另外一個夢，力道十足——我聽過最生動最怪異而又恐怖的夢：「我在您的辦公室，坐在這張椅子上，但屋子中間有一面牆。我看不到您……我檢視著這道牆，看到一小塊紅方格子布，然後，認出一隻手，接下來是腳和膝蓋。突然間，我明白了，那是一堵由屍體堆疊起來的牆，一具疊一具。」

「紅格子布，我們中間有一道由屍體堆疊起來的牆，部分軀幹——艾琳，你怎麼解釋？」我問。

「沒什麼難解的……我先生死時穿紅格子睡衣……至於您看不到我，那是因為死人的屍體，所有死去的。這您是想像不到的。壞事情您從沒碰到過。」

後來幾次會面，她又說，我的人生不真實：「溫暖，舒適，家人隨時圍繞著您。什麼叫失去，您**真的**知道嗎？您以為您可以處理得比較好嗎？假設您的妻子或一個孩子現在死去，您要怎麼辦？甚至您這件粉紅條紋襯衫——我都覺得刺眼。我不喜歡它傳達的訊息。」

「它傳達什麼訊息？」

「它在說，我沒有解決不了的問題。告訴我，您有嗎？」

艾琳講起那些她所認識的失去配偶的人。「他們全都知道，妳是走不出來的……地底下一片死寂，只有他們知道……所有那些活著的人……那些失去親人的人……您要我不要再依戀我先生……要我回頭面對生活……那根本就是錯誤……一種像您這種從未失去過任何人的人才有的錯誤——沾沾自喜……」

如此這般，她一連講了好幾個星期，終於把我給惹毛了，我完全失去了耐性。「那妳是說，只有失親的人才能幫助失親的人嗎？」

「曾經經歷過的人吧。」艾琳平靜回答。

「打我進這一行以來，今天總算開了眼界了！」我吼回去。「那麼，只有毒癮才治得了毒癮了，對嗎？難道妳必須先飲食失調才治得了厭食症？或是憂鬱症才治得了憂鬱？……那麼，思覺失調治得了思覺失調嗎？」

後來，我把我的研究發現告訴她：每個失去配偶的人都會漸漸地走出來，不再依戀死去的先生或妻子，婚姻最美滿的夫妻比較容易完成這個過程，倒是那些婚姻比較不美滿的人，反而會為他們糟蹋掉了的歲月而悲傷。

聽了我的這番話，艾琳無動於衷，平靜回答道：「你們做研究的人想要的答案，我們失去親人的人已經都懂得了。」

事情就這樣又繼續了幾個月。我們角力，我們爭執，但我們鍥而不捨。艾琳漸漸改善，在我們治療第三年的初期，她認識了一位男士，愛苗漸生，終於結為連理。

34 學無止境

一一〇天之後

星期六一大早，頸部劇痛醒來，忍著僵痛起床。有生以來，這樣的痛還是第一次。各種治療，諸如頸套、止痛藥、肌肉鬆弛劑、交替冷熱敷，全都用上了，整個星期疼痛依舊。人老了，誰的身體都會碰到問題，但這樣嚴重持續的痛，對我來說，生平首次。

星期一，照樣去看早就約好的神經科醫師。他一直追蹤我的平衡問題，其癥結最有可能的是腦部小出血，但照了幾次X光都無法確證。平衡問題外，我還跟他說過我的記憶問題，他也幫我做檢查，要我做十五分鐘的口說與書寫測驗。我以為自己做得很好，他卻要我「覆誦我要你記下來的五題」。結果，不僅一題都記不得，甚至不記得他問過我五題。

他似乎滿擔心我的表現，於是安排我三個月後到神經心理門診做一項為時四小時的完整測驗。我最害怕的莫過於嚴重失智，這下好了，現在剩下一個人過日子，我更加擔憂自己會失智，可又不確定到底要不要去做測驗，因為，反正也沒得治療的。

對於我是否還應該開車，神經科醫師也表示關心。聽他這樣說，心裡很不是滋味，卻又覺得不無道理。最近已經注意到自己開車的侷限：很容易恍神，開車時覺得不舒服，也捨棄在高速公路及夜間駕駛了。曾經考慮過要把自己和瑪莉蓮的車都賣掉，換一部較安全的新車。但這次看診改變了我的主意。理由再清楚不過，反正也開不久，新車就不買了，就只賣掉瑪莉蓮過去六年來喜歡駕駛的那部。打電話給經營好幾家車行的朋友，當天稍後，他就差人來牽走了瑪莉蓮的車。

次日，戴上頸套，這玩意戴著很不舒服，為了冷敷熱敷脖子，還得常拿下來。心裡不斷想著神經科醫師對我逐漸失智的擔心，另一件事情卻使心情更加動盪起來。走到外面，看著半空的車庫，一個不再有瑪莉蓮的車停放的車庫，悲傷隨之湧起。那一晚，對瑪莉蓮的思念更甚於過去幾個星期。我後悔賣掉了她的車。車子走了，也再度撕裂我悲傷的創口。

我這身軀殼，有如毒性強烈的雞尾酒——這裡痛那裡痛、無法修復的平衡、脖子造成的不適、記憶衰退的恐懼、瑪莉蓮車子的消失，將我帶入絕望的深淵。兩天來，整個人陷入前所未有的沮喪。心情跌落谷底，我好幾個小時動也不動，什麼事都不能做，甚至不知悲傷。

我坐著不做任何事，渾渾噩噩連續幾個小時。朋友要來載我參加史丹佛精神醫學系的一項餐會，事到臨頭，我打電話取消。走向桌子想要寫東西，但頭腦空空，一個字都寫不出來。胃口奇差，乾脆省略用餐；幾天下來，體重掉了好幾磅。這會兒，我更加明瞭之前自己發生性慾強迫時所講的話——**有些感覺好過毫無感覺**。毫無感覺，正是我過去幾天心理狀態的最佳寫照。所幸么兒班恩來了，待了一整天，他的活力和體貼又讓我活了過來。

又過了幾日，加上幾次按摩，頸痛消退，到了週末，覺得思路也回來了，才又繼續這本書的工作。

瑪莉蓮過世後的好多個星期，我發現自己又上了一堂別開生面的研究所課程，親身體驗了治療師經常面臨挑戰的三種嚴重的狀況。

首先，是無法遏阻的強迫念頭：天安門廣場屠殺的強迫念頭反覆出現，以及滿腦子女人胸部及性遭遇的念頭。所有這些強迫念頭如今都已消散，但那種拚命想要停下來卻有所不能的無助令我永遠難忘。

再來，是那種椎心的哀傷，令人萬念俱灰，儘管已經不再那樣煎熬，卻仍持續不去，每看到瑪莉蓮的照片便有如野火燎原，不可收拾。想念她時，每至淚眼嗚咽。寫下這些文字，時在瑪莉蓮的生日三月十日，她死後一百一十天。

最後，是那排山倒海而來的沮喪。那種麻痺遲鈍、雖生猶死、了無生機、萬念俱灰的感覺，我將永難忘懷。

如今，我能完全以不同的眼光來看待艾琳。一切彷彿昨日，想起她與我多次的聚會，特別是她的批評，認為由於我的人生溫暖、舒適、幸運，根本體會不到她多次失親所帶來的重創。如今，她的所言我完全接受。

艾琳，妳是對的。妳說我「溫暖、舒適」——完全正確。如果現在的我來為妳診療，由於我經歷了瑪莉蓮之死，我保證我們的合作一定會不同，應該會更好。我不知道我會怎麼做或怎麼說，但我明白，面對妳時我的感受勢必有所不同，也一定會找到更真誠、更有效的方式與妳相處。

35 親愛的瑪莉蓮

一二五天之後

親愛的瑪莉蓮：

我知道，既要寫妳，我也就破壞了規矩，但這本我們的書，我現在已經寫到了最後的幾頁，實在忍不住要再跟妳聊聊。妳真的是很聰明，要求我跟妳寫這本書……啊，不對，不對，不是**要求**，**而是妳堅持要我把已經開始寫的書放下**，**和妳一起寫這本書**。啊，我衷心感謝妳的堅持，因妳的堅持，從一百二十五天前妳去世以來，此一寫作計畫，才使我得以活下來。

沒錯，感恩節前兩個星期，妳實在病得太重，無法再寫下去，妳收回了我們輪流各寫一章的規則，叮嚀我，務必要獨力完成這本書。我獨自一人寫了四個月——

事實上，除了寫之外，其他什麼都沒做——現在就要接近尾聲了。最後這一章，我幾經琢磨已經好幾個星期，現在我心裡再明白不過，末了若不和妳聊聊，我是無法終篇的。

我寫了多少，又寫了些什麼，妳都已經知道了嗎？說真的，若要我那顆成熟、科學、理性的心來說，答案會是：「**不知道，不知道，不知道**」。但我那顆孩童的心，那顆軟弱、哭泣、蹒跚、易感的心卻想要聽妳說：「我什麼都知道，親愛的歐文，我一直在你身邊，每一刻都陪著你。」

瑪莉蓮，我要說的第一件事，是要坦白認錯，**請原諒我，沒有那麼常看妳的照片了**。我一直把它放在日光室，但……羞愧的是……我一直將它面向著牆！其實，我多麼想把它轉過來，這樣一來，每次我進房間就可以望見妳動人的眼眸，但每一次看見妳的照片，椎心的哀傷便使我哭泣。如今，四個月過去，這才開始得到緩解。如今，幾乎每天，總有幾分鐘，我轉過妳的相片，凝視著妳的眼眸。如今，痛苦減緩了，再一次，愛的暖意拂面而來。然後，我剛找到妳的另一張照片。看著看著，妳擁抱我。我閉上眼睛，欣喜若狂。

還有一件事也要懺悔：迄今我沒去給妳上過墳！我還沒有足夠的勇氣：每想到

這事，悲痛隨之升起。倒是孩子們都去過了，每次回到帕羅奧圖都會去。

自從妳最後一次看我們的書，之後我又多寫了一百頁，現在正在寫收尾的段落。我發覺，妳所寫的一字不能易，一字不能刪。所以，已經交代我們的編輯凱蒂，將妳的篇章直接進行發排。在那以後，我寫下妳在世最後的星期和日子，甚至我守著妳，握著妳的手，妳嚥下最後一口氣的時刻。然後，又寫了妳的葬禮，以及那以後發生在我身上的種種。

我走過了悲傷的深淵——但比起我從青少年時期我對妳的愛，那又算得了什麼呢？即便是此刻，我心裡仍想著，能和妳攜手共度一生，我是何等幸運，無法理解這一切是如何發生的？羅斯福高中那個最聰明、最美麗、最得人緣的女孩，怎麼會選擇和我共度一生？而我，不過是個書呆子，象棋隊的明星選手，學校裡最不懂得交際的毛孩子！妳喜歡法國和法文，但我呢？如妳常說的，我只要一開口，每個法文字的發音都是錯的。妳喜歡音樂，跳起舞來優雅美麗，而我卻是個大音癡，小學時，班上練習合唱，老師甚至叫我不要開口。至於跳舞，我根本是在玷汙舞池。但妳總是跟我說，妳愛我，妳看到的是我內在的潛力。我要怎麼感謝妳才夠？走鍵至此，淚水洗面。

沒有妳的這四個月，是我一生中最難熬的日子。儘管孩子及朋友的電話、拜訪不斷，我卻恍惚沮喪終日，覺得寂寞孤獨。本來已經漸漸好轉，直到三個星期前賣掉了妳的車。第二天一早，看到車庫中空出來的位子，整個人為之崩潰，絕望得一蹶不振。所幸我找到了一位很好的治療師，每個星期都去看她，極有幫助，我會繼續去看一陣子。

大約一個月前，冠狀病毒疫情爆發，整個世界陷入危機，情況前所未見，美國及幾乎所有的歐洲國家，包括法國，二十四小時都封鎖。尤其特別的是，無論紐約、巴黎、舊金山、德國、義大利、西班牙，絕大部分西方世界，人們都必須隔離在家。一切商業，除了雜貨店及藥房，均不得營業。龐大的史丹佛購物中心關門，巴黎的香榭麗舍及紐約的百老匯空無行人，妳能夠想像嗎？此時此刻，疫情不斷擴散。今天早上《紐約時報》頭條：「印度，首日：世界最大的封鎖展開——十三億印度人被告知必須留在家裡」。

我心裡明白，妳會怎樣面對這樣的情形：妳會擔心我，擔心孩子們，擔心妳在世界各地的朋友，以及每日聽聞我們的世界正面臨崩潰而憂心忡忡。妳無須經歷此劫，我衷心感激：妳聽從尼采的忠告：死得其時！

三個星期前，疫情開始爆發時，我們的女兒決定暫時搬來陪我住。妳是知道的，伊娃即將自凱瑟（Kaiser）退休。連妳的孩子都要退休了，可見自己真的是老了。她服務的婦科在過去幾星期已經能夠在網路上看診。伊娃是上天所賜。她把我照顧得很好，我的焦慮及沮喪都消退了。我認為，是她保住了我的老命。她確保我們真正做到隔離，不與任何人實質接觸。在公園散步，在路上碰到路人，我們都戴上口罩，如今人人都是如此，只要有人經過，我們都小心翼翼，保持二公尺距離。昨天，一個月來第一次，我搭上車，我們開到史丹佛，從人文中心散步到橢圓公園。除了少數散步的人，舉目所及一片空曠，個個都戴口罩，保持距離。所到之處空空蕩蕩，包括書店、崔西德爾學生中心、教職員會館、圖書館。看不見一個學生——整個大學都封閉了。

過去三個星期，家裡除了伊娃和我，沒有別的人來，一個也沒有，甚至我們的管家葛羅莉亞也是。我會繼續付葛羅莉亞薪水，直至她能平安地來上班。按照政府規定，園丁們也必須留在家裡，無法來工作，我也同樣對待。像我這樣的老人特別脆弱，或許我就難逃這個病毒的魔手，但話又說回來，自妳離去後，第一次，我認為我可以對妳說：「不要擔心我：我已經開始重新回到人間。」妳總是在我身邊的，隨時隨地。

瑪莉蓮，我在記憶中尋尋覓覓不知多少回了，但一切徒然：我們遇到過的人、我們做過的旅行、看過的戲、吃過的館子——所有這些，全都從記憶中消失了。我不僅失去了妳，世界上我最珍愛的人，我大部分的過去也隨著妳飄然而逝。我曾經預想，一旦妳離我而去，妳將會帶走我好多好多的過去，如今這都成真了。例如，有一天，我想起來，幾年前我們旅行到一個與世隔絕的地方，我記得我帶著馬可·奧里略的《沉思錄》，為確保自己讀完全書，其他一本書都沒帶。我還記得，我一讀，再讀，三讀，反覆涵詠其中。但我們去的是**哪裡**，我怎麼樣也想不起來。一個小島？墨西哥？到底是哪裡？當然，那並不重要，但一想到這樣美好的記憶也將永遠消失，卻不免擔心。記得嗎？我為妳朗讀全書。記得嗎？我說，妳死了，妳也將帶走我大部分的過去。沒錯，這一切真的來了。

另外一個例子，一天夜裡，重讀《媽媽和生命的意義》最後一個故事〈匈牙利貓的詛咒〉。妳或許還記得，故事的主角，一隻兇巴巴的、會說話的匈牙利貓，害怕自己的最後一條命，第九條命已經命在旦夕。這是我寫過最富想像力，最怪異的故事，卻完全不記得這故事是在什麼時候、從什麼地方冒出來的。故事的靈感怎麼來的？難道和我的匈牙利朋友鮑伯．柏格有關？我很想問妳，到底是什麼啟發我寫出這個奇怪的故事——一個治療師治療一隻會說話的匈牙利貓，還會有誰寫過嗎？我確信妳一定記得這個故事的來源。不知多少回了，瑪莉蓮，在記憶中，我尋尋覓覓，一切徒然：我不僅失去了妳，世界上我最珍愛的人，而且隨著妳，我大部分的世界也都逝去。

我很確定，自己已經接近人生的盡頭，但奇怪的是，一點死亡的焦慮都無——我心平靜異常。如今，每想到死亡，「要和瑪莉蓮會合了」的念頭就讓我覺得安慰。這樣的一種念頭如此撫慰我心，我或許不該質疑，但我卻躲不開自己的懷疑主義。畢竟，「**和瑪莉蓮會合**」指的又是什麼呢？

我曾經說過，希望我們肩並肩地葬在同一副棺木裡，這話妳還記得嗎？妳跟我說，在妳寫美國人墓園那本書的幾年裡，兩人同葬一棺，根本聞所未聞。我才不管那麼多。我跟妳說，想到我們並置於同一副棺木中，我體傍妳骨，我頭傍妳顱，我就覺得安慰。沒錯，沒錯，當然啦，理性告訴我，妳和我都不在了——所剩者，無心、無識、腐肉敗骨而已。但話又說回來，**理想**，**而非現實**，讓人覺得心安。我，一個極端的唯物論者，理性拋諸腦後，絲毫不以為恥地擁抱一個奇想，妳和我同葬一棺，我們就可以永遠在一起了。

沒錯，這是不可能的。**沒錯**，我永遠無法與妳會合。妳和我都不再存在。那是神話故事！對於任何宗教的或靈異的死後觀點，打從十三歲起，我就沒有認真看待過。但不管怎麼說，身為一個堅定不移的懷疑論者及科學家，能和死去妻子會合的想法卻使我感到安慰，充分顯示我們都懷有極端強烈的願望，想要持續存在，並害怕我們會化作空無。這樣一想，對於所謂魔力信念（magical thinking）：深信信念具有魔力可以使一切化為真實的說法，我又要另眼相看了。

剛寫到這裡，一件非常巧合的事情發生了：我收到一封電郵，一位讀過我的書《成為我自己》的讀者寫來的。信的結尾寫道：

> 但是，亞隆醫師，為什麼要這樣懼怕死亡？身體死了，但意識有如一條河流，穿越時間……當死亡來臨，向這個世界、向人類的身體，向家人告別的時候到了……但這並不是結束。

「**這並不是結束**」——這樣的想法，自有歷史以來，我們人類不就是一直緊緊抓著不放嗎！我們每個人都害怕死亡，都不得不設法處理這種恐懼。瑪莉蓮，我清楚記得妳反覆講過的一句話：「一個八十七歲女人的死亡，只要對自己的一生無有悔憾，就不是悲劇。」此一觀念——**活得越充實，死得就越坦然**——縈繞我心，允為真理。

我們都喜歡的一些作家就都是此一觀點的擁護者。記得卡山札基（Kazantzakis）筆下熱愛生活的左巴就說過：「死亡算什麼，不過一座焚毀的城堡而已。」還記得，沙特（Sartre）在自傳裡面說的一段話，妳唸給我聽過：「我正靜靜地走向盡頭……清楚知道自己的最後心跳將永遠銘刻在我最後一頁的作品上，死亡，只能帶走一個死人而已。」

我心裡明白，我將會以乙太的形式存在，存在於瞭解我，讀過我作品的人的心中，但一兩個世代過去，還記得血肉之軀的我的人只怕也都消失了。

我們的書要結束了，我這裡要用納博科夫在他自傳《說吧，記憶》（*Speak, Memory*）裡那段流傳千古的卷首語來做終結：「搖籃在深淵上搖晃，常識告訴我們，存在只是兩團黑暗之間一道短暫的光隙而已。」那景象令人暈眩又令人平靜。靠向椅背，閉上眼睛，我感到安慰。

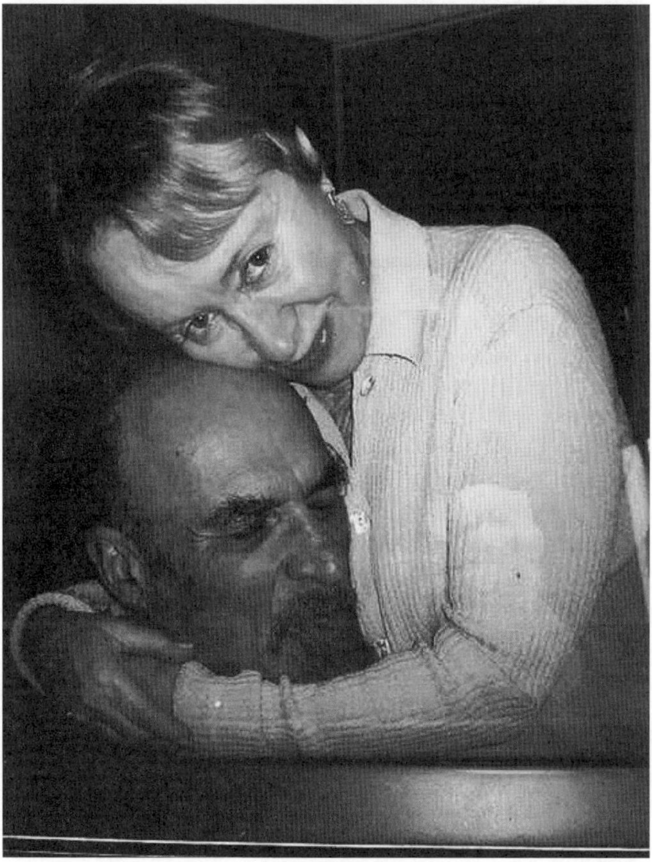

歐文與瑪莉蓮

心靈工坊 PsyGarden

Holistic 144

死亡與生命手記：關於愛、失落、存在的意義

A Matter of Death and Life: Love, Loss and What Matters in the End

著—歐文・亞隆、瑪莉蓮・亞隆（Irvin D. Yalom and Marilyn Yalom）

譯—鄧伯宸

出版者—心靈工坊文化事業股份有限公司

發行人—王浩威　總編輯—徐嘉俊

執行編輯—裘佳慧　特約編輯—王郁兮　內文排版—旭豐數位排版有限公司

通訊地址— 10684 台北市大安區信義路四段 53 巷 8 號 2 樓

郵政劃撥— 19546215　戶名—心靈工坊文化事業股份有限公司

電話— 02）2702-9186　傳真— 02）2702-9286

Email — service@psygarden.com.tw　網址— www.psygarden.com.tw

製版・印刷—彩峰造藝印像股份有限公司

總經銷—大和書報圖書股份有限公司

電話— 02）8990-2588　傳真— 02）2290-1658

通訊地址— 242 新北市新莊區五工五路 2 號（五股工業區）

初版一刷— 2021 年 5 月　初版二十一刷— 2024 年 3 月

ISBN — 978-986-357-211-4　定價— 420 元

國家圖書館出版品預行編目資料

死亡與生命手記：關於愛、失落、存在的意義 / 歐文・亞隆（Irvin D. Yalom）、瑪莉蓮・亞隆（Marilyn Yalom）作；鄧伯宸譯．-- 初版．-- 臺北市：心靈工坊文化 , 2021.5
面；　公分．--（Holistic；144）
譯自：A Matter of Death and Life: Love, Loss and What Matters in the End
ISBN 978-986-357-211-4（平裝）

1. 心理治療　2. 死亡　3. 悲傷

178　　110006235